Raymond Peyret, Martha Robin

Martha Robin

RAYMOND PEYRET

Martha Robin
1902—1981

Freude im Kreuz

CHRISTIANA-VERLAG STEIN AM RHEIN

Herausgeber: Arnold Guillet:
Titel der französischen Originalausgabe «Marthe Robin – La Croix
et la Joie». Troisième édition, SOCIETE D'EDITION PEUPLE LIBRE;
F-26001 Valence. Ins Deutsche übertragen von Maria Branse.

Erklärung

Gemäss dem Dekret von Papst Urban VIII. erklärt der Verfasser,
dass alles, was er in dieser Biographie berichtet, nur auf der Glaub-
würdigkeit menschlicher Zeugnisse beruht. Den übernatürlichen
Erscheinungen gegenüber wahrt er Zurückhaltung, bis die Kirche
selbst Stellung dazu genommen hat. Er erklärt ferner, dass er ledig-
lich eine übernommene Sprechweise beibehalten hat, wenn er ge-
legentlich ein Eigenschaftswort wie «heilig» benutzt und von übernatürlichen oder unerklärlichen Zuständen spricht. Keinesfalls will
er damit irgendwie die Entscheidungen der Kirche, der er sich vorbehaltlos unterwirft, vorwegnehmen.

Imprimatur:
Valence, den 11. Oktober 1981
R. Glas, Generalvikar

Die in diesem Werk wiedergegebenen Dokumente und Photos verdanken wir Père Finet, Raymond Peyret und den Familien Serve,
Brosse und Gaillard.

Erste Umschlagseite: Martha Robin während der Passion. Vierte
Umschlagseite: Therese Neumann. (Photo: Ferdinand Neumann,
D-8602 Reundorf) und P. Pio (Photoarchiv: Christiana).

Erste Auflage 1984: 1.–10. Tausend
© CHRISTIANA-VERLAG
CH-8260 STEIN AM RHEIN/SCHWEIZ
Alle Rechte für die deutsche Ausgabe vorbehalten.
Druck: Bargezzi AG Bern
Printed in Switzerland

ISBN 3 7171 0863 8

Inhaltsverzeichnis

Jesus ist niemals ohne das Kreuz und das Kreuz ist niemals ohne Jesus. Die grossen Seelen haben den Schmerz mit Befriedigung geliebt. Der Schmerz ist nämlich seit dem Sündenfall der Vorrat der Schöpfung, der mächtigste Hebel, sie aufzurichten, der zweite Arm der unendlichen Liebe für unsere Wiedergeburt.   P. Pio

Was Hans Urs von Balthasar in seinem Buch «Erster Blick auf Adrienne von Speyr» geschrieben hat, das gilt auch für Martha Robin: «Mystik ist eine besondere Sendung, ein besonderer Dienst für die Kirche, der nur im restlosen Von-sich-weg, Sichvergessen und magdlicher Bereitschaft zum Wort Gottes hin richtig ausgeführt wird.»

Vorwort

Ich selbst bin nicht Mitglied des Foyer de Charité von Châteauneuf-de-Galaure. Obwohl ich nur vierzig Kilometer von diesem Dorf entfernt wohne, bin ich Martha Robin nie zu ihren Lebzeiten begegnet. Seit meiner Kindheit habe ich jedoch oft von ihr gehört. Da ich aber von Natur aus wenig für Privatoffenbarungen oder mystische Zustände übrig hatte, verhielt ich mich immer zwar nicht gerade skeptisch, aber doch zurückhaltend gegenüber der «Stigmatisierten von der Drôme», wie man sie nannte. Ich wäre wohl sehr erstaunt gewesen, wenn man mir noch vor einem Jahr gesagt hätte, dass ich eines Tages ein Buch über Martha Robin schreiben würde.

Wie ist es dazu gekommen?

Im Februar 1981 sollte ich als Priester über den Tod und die Begräbnisfeierlichkeiten für Martha Robin in der Presse berichten. Durch alles, was ich von ihr nahestehenden Personen erfahren hatte, bekam ich den Eindruck, dass diese Frau eine aussergewöhnliche Christin war, die im Verborgenen gelebt hat. Ich stellte Nachforschungen an, was dazu führte, dass ich sie lieben und verehren lernte. Es war, als treibe mich eine innere Stimme an, diese kleine Arbeit zu schreiben für alle, die sie kaum gekannt, doch viel von ihr gehört haben und die Wahrheit über sie wissen möchten und fragen, welches Geheimnis auf dem Grund ihres Herzens verborgen war.

Ich begann also, auf eigene Initiative, Nachforschungen anzustellen und Aussagen ihrer Familie, von ihren Nachbarn, Freunden und Mitschülern zu sammeln. Ich holte Unterlagen ein, und wo dies nicht möglich war, machte ich mir, so gut es ging, selbst ein Bild aus den vorhandenen Mitteilungen. Dabei be-

9

mühte ich mich, weder auf das Extrem eines zu grossen Skeptizismus noch auf das einer Verherrlichung einzugehen.

Vielleicht gab mir bei meinen Nachforschungen ein Journalist einer nordfranzösichen Tageszeitung Auftrieb, der hinsichtlich der spärlichen Informationen über Martha Robin fragte, ob die Kirche etwa eine Geheimgesellschaft sei. Nein, mein lieber Kollege! Aber Martha war der Schatz einer Familie in Châteauneuf-de-Galaure, der Schatz der religiösen Gemeinschaft, deren geistiger Ursprung und Quell sie war und ist. Und sie war auch – wie es mir hoffentlich im Verlaufe dieses Werkes zu beweisen gelingt – ein Schatz für die heutige Kirche. Ein Schatz wird aber nicht öffentlich ausgestellt. Was hätte man wohl von der Kirche gehalten, wenn sie Martha an die Massenmedien preisgegeben hätte!

Als Jesus in Palästina Wunder wirkte, als drei seiner Apostel ihn in seiner Verklärung sahen, verbot er ihnen, darüber zu sprechen. Dieses Verbot galt jedoch nicht für immer. «Erzählt niemand etwas davon, bis der Menschensohn von den Toten auferstanden ist» (Mt 17,9). Denn angesichts der Wunder, die der Herr gewirkt hat, müssen wir zuerst hinhorchen, um den geheimnisvollen Sinn zu verstehen. Dann erst kann man darüber sprechen.

Da nun der Herr diese Frau aus der Drôme zu sich gerufen hat, die mehr als fünfzig Jahre lang jeden Freitag an ihrem Leibe das Leiden Jesu getragen hat, ist die Zeit gekommen, die Wunder bekannt zu machen, die Gott durch seine Dienerin gewirkt hat.

Meine protestantischen Freunde werden sich über diese Arbeit wundern. Sie haben etwas gegen Heiligengestalten. Sie fürchten, dass wir Katholiken durch die Verehrung derer, die wir Heilige nennen, Gott etwas von seiner Ehre nehmen könnten. Die Heiligen sind zunächst einmal Wesen aus Fleisch und Blut, schwach wie wir alle; doch haben sie eingewilligt, sich führen zu lassen von dem, dessen Kraft in den Schwachen mächtig ist. Als wahre Zeugen dafür, dass wir allein durch die Gnade Gottes den Glauben haben, sind sie auch sein Werk. Läuft man nicht auch Gefahr, Gottes Ehre zu mindern, wenn man schweigt über das, was eben sein Werk ist?

Unsere reformierten Brüder verkennen die Bedeutung jener Menschen nicht, die, wie Martin Luther King, Zeugen und Martyrer des Glaubens gewesen sind. Sie weisen immer wieder auf ihr Vorbild und ihre Mission hin. In diesem Sinne ging ich daran, dieses Buch zu schreiben. Ich bin zwar kein Schriftsteller von Beruf, und es geht mir auch nicht um eine literarische Ehre. Ich habe einfach nicht das Recht, ein solches Zeugnis den Menschen vorzuenthalten.

Ich danke den Angehörigen der Familie von Martha und ihren Freunden und Nachbarn, ohne welche dieses Buch nicht zustande gekommen wäre. Besonderer Dank gebührt allen, die mein Manuskript durchgelesen und mit ihren Korrekturen dazu beigetragen haben, der Wahrheit so gut wie möglich die Ehre zu geben. Da ich Martha so viel verdanke, möchte ich für mich selbst aus dieser Arbeit keinen Gewinn erzielen. Daher verzichte ich auf meine Autorenhonorare und möchte den Gewinn den Foyers de Charité der Dritten Welt zukommen lassen.

Raymond Peyret

I. Das Land an der Galaure

Die Drôme ist keine eigentliche typische Gegend, sondern vielmehr eine Miniaturausgabe von ganz Frankreich.

Wenn man durch dieses im Südosten des Landes gelegene Département reist, ist man erstaunt über die beeindruckende Vielfältigkeit von Landschaft, Klima, Sprache und Lebensart der Menschen. Was sollte es wohl auch Gemeinsames geben zwischen dem Industriegebiet des Rhonetals, dem schon leicht savoyardischen Vercors, dem lavendelduftenden Diois-Gebiet, der griechisch anmutenden Landschaft des Tricastin und den provençalischen Bergen der Baronnies!

Das Galaure-Land, wo Martha Robin das Licht der Welt erblickte, bildet im Norden der Drôme ein Übergangsgebiet, in dem die Hügel sich in sanften Wellen zwischen dem Rhonetal und den Vorläufern der Alpen hinziehen.

Wenn man auf dem Wege nach Châteauneuf-de-Galaure die Nationalstrasse 7 benutzt, biegt man bei St. Vallier ab und kommt im Osten der Stadt zur Landstrasse 51. Auf dieser gelangt man bald in die wilde Talenge von Rochetaillés. Diese drei oder vier Kilometer lange, endlos erscheinende kurvenreiche Strecke ist schon wie eine Vorwarnung, dass wir bei unseren Nachforschungen geduldig sein müssen: denn die Galaure gibt nicht leicht ihr Geheimnis preis.

Kaum hat man diese Talenge hinter sich, entdeckt man ein grünes, noch nicht ganz überschaubares neues Tal. Ein Vorhang von Bäumen verhüllt zum grossen Teil den Blick. Und das Flüsschen, das man bis hierher immer wieder für flüchtige Augenblicke am Weg entlang sehen konnte, verbirgt sich nun im Wald.

Bald erreichen wir St. Uze, das wie ein Bauerndorf aussieht, tatsächlich jedoch eine Arbeiterstadt mit Giessereien und Keramikfabriken ist. Etwas weiter liegt La-Motte-de-Galaure, ebenfalls eher ein Arbeiterdorf. Jetzt weitet sich das Tal, und langsam breiten sich Mureils und St. Bonnet-de-Galaure vor uns aus. Noch zwei Kilometer weiter, und wir sind in Châteauneuf-de-Galaure angelangt. Wenn man sich diesem Marktflecken im Sommer nähert, sieht man ihn kaum – so sehr ist er in Grün eingenistet. Nur den Kirchturm und einige rote Dächer können wir erspähen. An Ort und Stelle jedoch erweist sich Châteauneuf als ein ziemlich grosses Dorf. Schon zu Beginn des Jahrhunderts zählte es tausend Einwohner. Es ist ein nettes Dorf mit einer langen Strasse, die rechts und links von Häusern gesäumt ist, die aus runden Fluss- und Geröllsteinen gebaut sind. Die Strasse führt vom Hügel hinunter bis zur grossen Landstrasse und zur Galaure.

Ganz hoch oben liegt das Foyer de Charité.

Hier sind die Römer durchgezogen

Woher kommt der Name Châteauneuf? Man meint natürlich, er komme von «château» – «Schloss». Es gab dort wohl einst ein Schloss, auf dessen Ruinen die Gebäude des Foyer errichtet worden sind. Doch scheint es nicht dem Dorf seinen Namen gegeben zu haben, denn allem Anschein zum Trotz stammt der Name Châteauneuf von «castrum novum», «das neue Lager» der Römer, was auf einen sehr alten Ursprung hindeutet.

Tatsächlich steht der noch erhaltene Teil des Schlosses auf Grundmauern aus der römischen Kolonialzeit. Es wurden in dem Ort auch schon kaiserliche

Münzen aus dem 3. und 4. Jahrhundert gefunden. Ja, mehr noch: in diesem Galaure-Tal (Galaure bedeutet «Fluss der Gallier») fand man sogar Tonscherben aus der Jungsteinzeit und andere slawischer Herkunft.

Alles sieht danach aus, als ob diese abseits der grossen Strassen gelegene Gegend zwischen dem Rhonetal und den Alpen von je her dazu gedient hätte, Begegnungen zwischen den Völkern aus dem Norden und Osten und jenen aus dem Mittelmeerraum herbeizuführen.

Viele Orte tragen Heiligennamen, aber...

... aber wir wollen nicht zu rasch Schlüsse ziehen. Nichts liess vorausahnen, das Châteauneuf einst der Geburtsort einer Mystikerin werden könnte.

Zwar tragen viele Gemeinden oder Weiler hier Namen von Heiligen: St. Vallier, St. Uze, St. Barthélemy-de-Vals, St. Bonnet, St. Avit, St. Martin d'Août, St. Andéol, St. Germain d'Hauterives. In der Drôme gibt es keinen anderen Kanton, wo so viele Orte mit Namen von Heiligen zu finden sind wie im Kanton St. Vallier. Dennoch kann man nicht behaupten, dass dieses Gebiet immer besonders christlich gewesen wäre.

Man muss sogar sagen, dass dieses Tal in Marthas Kindheit im allgemeinen als ziemlich antiklerikal galt. Es gibt genügend Anekdoten darüber, die dies anschaulich illustrieren. Zu Anfang des Jahrhunderts war ein Landsmann aus der Drôme, Emile Loubet, Staatspräsident. Dieser in seiner Art recht umgängliche Mann erklärte, dass er «verfassungsmässig» nicht verantwortlich sei für die damalige antiklerikale Politik. Immerhin wurde gerade zu jener Zeit die Trennung von Kirche und Staat vollzogen, wodurch die Ordensleute aus Frankreich vertrieben wurden.

Châteauneuf passte sich ganz seiner Zeit an, vielleicht sogar ein bisschen zuviel. Die guten alten Leute sagen noch heute, dass das Gebiet zwischen Châteauneuf und St. Sorlin nicht «besonders gut» gewesen sei. So liess sich zum Beispiel Abbé Cluzes, der 1909 zum Pfarrer von Châteauneuf ernannt worden war, schon 1912 versetzen, weil man ihm mehrmals abends draussen auf offenem Feld Angst eingejagt hatte.

Keinen guten Ruf hatte auch der Weiler St. Bonnet, der damals zur Pfarrei erhoben wurde, in dem Martha Robin getauft wurde. Die Gemeinde Châteauneuf wie auch die Nachbargemeinde St. Sorlin, von wo Marthas Mutter stammte, war dafür berüchtigt, dass es dort mehr als anderswo zivile Trauungen und Beerdigungen gab. Es herrschte der Brauch, dass die Leute sich schriftlich mit einer zivilen Beerdigung einverstanden erklärten. Diese Zustände besserten sich dann nach und nach.

Auf dem kantonalen Kongress der katholischen Jugend vom 7. Juli 1912 in St. Vallier stellte man noch fest, dass Marthas Pfarrei St. Bonnet eine jener Pfarreien war, die keine katholische Jugendgruppe hatte. In einem Bericht heisst es: «Die Kinder verlassen die Kirche nach der Erstkommunion und praktizieren ihren Glauben dann nicht mehr, womit sie dem Beispiel ihrer Eltern folgen. In Châteauneuf gibt es zwar schon eine katholische Jugendgruppe, aber sie ist nicht sehr aktiv.»

Eine im Jahre 1951 in der Diözese Valence durchgeführte sozio-religiöse Umfrage lässt erkennen, dass diese Gegend in der Drôme die höchste Zahl an Ungetauften hatte: 4 % der Kinder im Alter bis zu 7 Jahren und 6 % der 8- bis 9jährigen waren nicht getauft.

Welche Erklärungen gibt es für diese Gleichgültigkeit, ja sogar Feindseligkeit gegenüber der Kirche?

Zu der schon erwähnten landesweiten Situation kamen noch die sozialen Auseinandersetzungen, welche es in der Gegend im 19. und 20. Jahrhundert gab. Man bedenke, dass es im letzten Jahrhundert in Châteauneuf-de-Galaure immerhin acht Fabriken gab, dazu Hammerwerke, Giessereien, eine Papierfabrik und Getreidemühlen, die mit dem Wasser der Galaure angetrieben wurden. Châteauneuf war zwar nicht so «rot» wie St. Uze, stand aber stärker unter dem Einfluss von Radikalen und Freidenkern. Der Antiklerikalismus war hier immer ziemlich stark gewesen. Schuld daran waren vielleicht einige Skandale von Priestern aus Châteauneuf und St. Sorlin im vorigen Jahrhundert und die immer grösseren Einfluss nehmenden Schullehrer, die wohl tüchtig, aber antikirchlich waren. Ein bei seinen Schülern sehr beliebter Volksschullehrer soll gesagt haben, er gehe von St. Bonnet weg, «wenn eure Eltern nicht richtig wählen».

Wenn es bis in unsere Zeit hinein eigentlich immer die Stadt Hauterives gewesen ist, die Besucher anzog, so ist diese Rolle nun auf Châteauneuf-de-Galaure übergegangen. Hierher kommt man nicht zur Touristensaison. Diese Männer und Frauen, die seit 1936 hierherkommen, sind keine Touristen. Zuerst kamen sie aus Lyon, dann aus ganz Frankreich, und nun kommen sie her von weit und breit . Sie kommen für fünf Tage und begeben sich ins Foyer de Charité, um die Frohe Botschaft zu vernehmen und um einen Sinn für

Oben: Marthas Elternhaus um das Jahr 1930.
Unten: Ihr Heimatdorf Châteauneuf-de-Galaure.

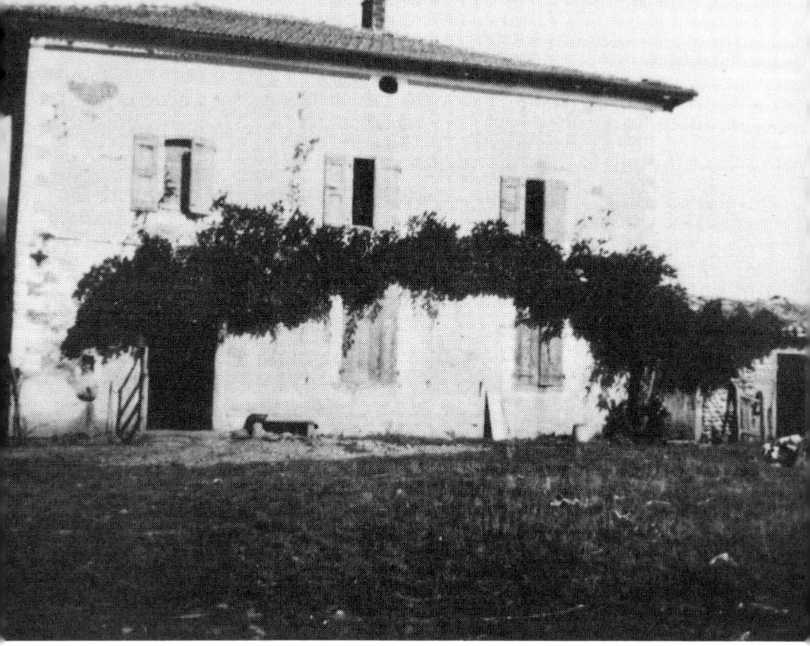

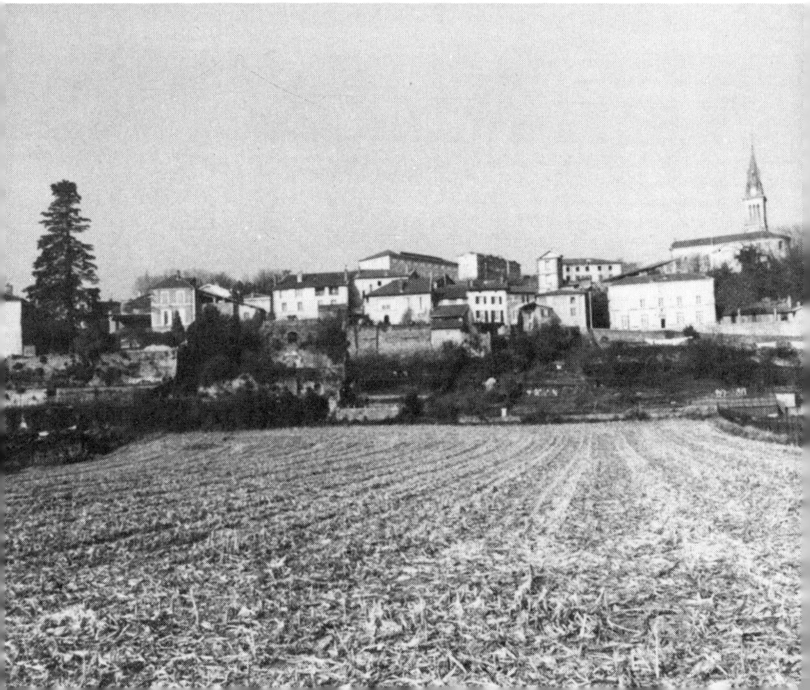

ihr Leben zu finden. Man sieht sie zu bestimmten Zeiten des Tages mit dem Rosenkranz in der Hand auf den Strassen umhergehen oder auf dem Weg hinauf zur «Plaine» hinter einem grossen Kreuz herziehen, das einige von ihnen tragen. Das alles ist weit entfernt von dem unreligiösen Geist, von dem wir soeben gehört haben. Wie kommt das? Was hat die Situation so verändert? Dieses Galaure-Land, das durch viele Generationen eine Hochburg der Freidenker war, hat Gott sich zur Verwirklichung seines Liebesplanes ausgesucht. Er wählte mitten im 20. Jahrhundert dieses Land als Schauplatz für eine Geschichte aus, wie man sie unglaublicher nicht erfinden könnte.

II. Lasst uns zur Plaine hinaufgehen

Die Eltern von Martha Robin wohnten oberhalb von Châteauneuf-de-Galaure in der Gegend, die man «La Plaine» nennt. Vom Foyer aus braucht man zu Fuss ungefähr eine halbe Stunde bis dorthin.

Man geht auf der Landstrasse in Richtung St. Sorlin, bis links eine schmalere Strasse abbiegt, der man einige hundert Meter folgt. Bei einem Hochspannungsmast machen wir kurz Halt: Dort stand in Marthas Kindheit eine Pappel, die sicher schöner anzuschauen war als jetzt dieser Mast hier...

Ein herrlicher Aussichtspunkt

«Von der Pappel aus kann man ein Viertel von Frankreich sehen», sagte Martha gern.

Das ist nicht zuviel gesagt von diesem ausserordentlich schönen Panorama. Von diesem «Balkon», den die Natur geschaffen hat, kann man bei guter Sicht den Mont Blanc sehen, die Gipfel der Chartreuse, die «Lücke» bei Grenoble, die Bergkette von Belledone und den Vercors; im Westen den Mézenc, den Gerbier des Joncs und manchmal sogar das Dorf La Louvesc, wo es eine Wallfahrtskirche zum heiligen Jean-François Régis und zur heiligen Thérèse Couderc gibt. Weiter in der Ferne sieht man den Pilatus.

Nach dem Masten zeigt ein Wegweiser in Richtung Moilles. Schon sehen wir rechts von uns, etwas tiefer liegend, drei Wohnhäuser, darunter das der Familie Robin. Es ist das letzte, rechts am Ende des Weges. Ein grosses Tor, und man steht vor dem Haus. Im Frühling klettert eine schöne violette Glyzinie die Fassade hinauf. Hier ist es, wo Martha Robin geboren wurde, wo sie lebte und wo sie starb.

Der Hof ist heute geteert, die Hausfassade verputzt. Die Landschaft aber ist die gleiche geblieben wie zu Marthas Kindheit. In dieser Mulde von Moilles sieht man all das nicht mehr, was man vom Hochspannungsmast (oder der Pappel) aus bewundern konnte: weder die Dörfer noch die Berge. Man hat den Eindruck, als berühre die Erde den Himmel ohne Übergang.

Die Eltern waren einfache Leute

Bevor wir mit Marthas eigener Lebensgeschichte beginnen, wollen wir ihre Eltern und Nachbarn kennen lernen.

Eine glückliche Fügung will es, dass eine alte Freundin Marthas, die etwas älter ist als sie selbst: Marie-Rose Achard, Volksschullehrerin im Ruhestand, den guten Einfall hatte, ihre Kindheitserinnerungen aufzuschreiben. Ihr in lebendigem, frischem Stil geschriebenes Buch hat den Titel «So fing die Welt an». Einige Seiten aus diesem Buch zeigen uns Martha in ihrer Familie zu Anfang des Jahrhunderts.

Die Robin besassen etwas Land; nicht einmal ganze zehn Hektaren. Es waren ganz einfache Leute, die nicht von sich reden machten.

Joseph, der Vater, war ein hochgewachsener, fröhlicher Mann von kindlichem Gemüt, ein bisschen autoritär, «von frischer Gesichtsfarbe». Marie-Rose Achard fügt hinzu: «Er war fromm und reaktionär.»

«Nein, er war antiklerikal», sagen andere.

Diese beiden Aussagen scheinen die eine wie die andere übertrieben. Der Vers, den der Stadtrat auf Monsieur Robin verfasste, gibt wohl eher Aufschluss:

Joseph Robin, der Vater.

«Im Grunde ein Kirchentreuer,
nennt er sich doch Freidenker»

Jedenfalls scheint es so gewesen zu sein, dass Monsieur Robin nur an hohen Festtagen zur Messe ging, was übrigens für jemanden in einem Dorf, in dem der Glaube nicht besonders praktiziert wird, ein Zeichen von Frömmigkeit ist. Monsieur Robin ging an Ostern zu den Sakramenten. Zu Ende seines Lebens aber fing er an zu beten, um schliesslich, wie Martha in einem Brief vom 12. Juli 1936 schrieb, wie ein Heiliger zu sterben.

Madame Robin machte ebenfalls in religiöser Hinsicht eine Entwicklung durch. Bis zur Heirat hatte sie in St. Sorlin gewohnt, das nicht gerade im Rufe stand, sonntags eine volle Kirche zu haben. Deswegen war Madame Robin aber dennoch eine rechtschaffene, bescheidene, fröhliche Frau, welche Tag für Tag mit Liebe dieselben Arbeiten verrichtete wie alle anderen Bäuerinnen ihrer Zeit: Das Holzfeuer im Küchenherd anzünden; Kartoffeln schälen; für die Kinder sorgen; die Tiere versorgen usw. Ihr Mädchenname war Amélie-Célestine Chosson. Sie war laut Marie-Rose Achard «eine kleine Frau mit rundem Vogelkopf, auf dem sie immer ein Häubchen trug». – «Zurückhaltend und ruhig, ging sie wenig aus.» Aber sie lachte gern. Sicher hat Martha von ihrer Mutter ihre Fröhlichkeit und Freundlichkeit geerbt. Martha hing sehr an der Mutter.

Das Ehepaar hatte sechs Kinder:
– Célina, die älteste, die als einzige beim Erscheinen dieses Buches noch lebt; seit ihrer Heirat im Jahre 1908 wohnt sie in St. Sorlin.

Amélie-Célestine Robin-Chosson, die Mutter um 1938.

- Gabrielle, deren Nachkommen noch in Château-neuf wohnen.
- Alice, «artig und still», stand Martha am nächsten; ihre Familie wohnt noch immer im Dorf Château-neuf.
- Henri, etwas barsch, doch schüchtern; er war der einzige Sohn und starb 1951.
- Clémence, die mit fünf Jahren an Typhus starb.
- Als letzte Martha, «die später eine unerwartet glorreiche Bestimmung hatte: unsere Heilige» — so schreibt Marie-Rose Achard.

Die Nachbarn — atheistisch oder gleichgültig

Am Weg nach Moïlles, dem wir gefolgt sind, stehen nur drei Häuser: links das Haus der Familie Achard, rechts und am Ende die Häuser der beiden Familien Robin, deren Familien höchstens im vergangenen Jahrhundert verwandt waren. Das eine Haus gehört Ferdinand und das andere Joseph, dem Vater Marthas.

Monsieur Achard war ein Bauer, der, wie seine Tochter schreibt, viel über «Sterne, Vögel, Pflanzen» wusste. Er hätte wohl gern Freunde ausserhalb seines eigenen Kreises zum Unterhalten gehabt. Der Stadtrat, die Sozialistische Partei oder auch die Freimaurer hätten ihm gern dazu Gelegenheit gegeben, wenn seine Schüchternheit nicht ein Hindernis für ihn gewesen wäre, solche Verbindungen zu knüpfen. Als guter Republikaner hielt er es mit dem Fortschritt, mit den konfessionslosen Schulen und dem Nationalfeiertag am 14. Juli. Er glaubte nicht an Gott und schickte keines seiner Kinder in den Religionsunterricht. In St. Bonnet war er damit nicht der einzige. Vielleicht ist es etwas übertrieben, wenn seine Tochter Marie-Rose sagt, dass er Freidenker war.

Ferdinand Robin wohnte direkt neben Marthas Eltern. Mit Joseph, Marthas Vater, kam er nicht gut aus. Zwischen den beiden Höfen gab es nur ein kleines Gitterklapptürchen, und die oft heikle Frage nach dem Recht des Durchgangs und der gemeinsamen Brunnenbenutzung kam immer wieder auf. Darunter litten häufig die Beziehungen. Die zwei Männer stritten zwar nicht, doch wenn Ferdinand Robin mit Joseph Achard über Joseph Robin sprach, dann «stieg ihm das Blut zu Kopf, und er schlug auf den Tisch. Sonst liess sich dieser Mann nie vom Zorn hinreissen».

In religiöser Hinsicht war Ferdinand — wie wohl auch seine Frau und seine Kinder — gleichgültig.

So war also Martha in ihrer Kindheit von atheistischen oder religiös gleichgültigen Nachbarn umgeben. Auch in der eigenen Familie ging man nur an Ostern, Allerheiligen und Weihnachten zur Kirche.

Aber die Felder dieser drei Familien lagen nebeneinander, so dass es sich ganz natürlich ergab, dass man sich gegenseitig aushalf. Marie-Rose Achard schreibt: «Zu dieser Zeit waren wir fast Selbstversorger. Die Nachbarn waren wichtig; sie halfen, wo es nottat. Bei Geburten, Krankheit, Tod, landwirtschaftlichen Arbeiten waren sie zur Stelle. Es wurden untereinander Gemüse, Saatgut, Bruteier, Zuchtkaninchen ausgetauscht...».

Mit den Nachbarn sass man auch an den Winterabenden beisammen. Das Leben setzte sich über ideologische Ansichten hinweg.

In diesem Klima der selbstverständlichen Solidarität wuchs Martha auf. Man kann sich gut vorstellen, dass sie von daher — mit der Gnade Gottes — ihre ersten Eingebungen für die «Foyers de Charité» empfing.

III. Als Martha noch gehen und tanzen konnte

Martha Louise Robin wurde am 13. März 1902 gegen 17 Uhr in ihrem Elternhaus in Châteauneuf-de-Galaure geboren. Damals kamen die Kinder nicht in einem Krankenhaus oder in Frauenkliniken zur Welt, und oft gingen auf dem Lande die Mütter schon einige Stunden nach der Geburt wie selbstverständlich wieder an die Arbeit. So mag es wohl auch bei Madame Robin gewesen sein.

Es gibt auch gewisse Berichte, die nicht mehr genau nachgeprüft werden können, dass über die Geburt der kleinen Martha keine Freudenstimmung herrschte. Es habe eher Streit zwischen Madame und Monsieur Robin gegeben. Man kann sich vorstellen, dass ein sechstes Kind in einer armen Bauernfamilie wohl eine Last bedeutete.

Taufe in St. Bonnet

Doch wenn die Stimmung getrübt war, so hielt das nicht lange an. Knapp drei Wochen nach Marthas Geburt, am Karsamstag, 5. April 1902, zog die ganze Familie miteinander von der Plaine hinunter zur Kirche von St. Bonnet-de-Galaure, wo Martha getauft wurde.

Auf dem Weg zur Kirche waren zwei Kinder besonders glücklich: Henri, ein Knirps von sechs Jahren, und Alice, die achtjährige Schwester, die beide Paten sein sollten.

Das Taufbecken von St. Bonnet ist nicht besonders kunstvoll. Doch als Abbé Caillet das Wasser über die Stirn des Kindes goss und dazu sprach: «Ich taufe dich im Namen des Vaters und des Sohnes und des Heiligen Geistes», da wurde Martha in das Leben der Dreieinigkeit hineingetaucht. Die Glocken von St. Bonnet können mit Recht freudig läuten am Ende dieser Karwoche, denn dieser Samstag, der 5. April 1902, ist das erste grosse Datum im Leben von Martha Robin.

Obwohl sich die Familie Robin durch die Schule, den Markt und die Läden eigentlich zu Châteauneuf-de-Galaure zugehörig empfand, ging man an Festtagen doch nach St. Bonnet zur Messe. Dort gab es die «Familienbank», in die man durch eine kleine Tür eintrat.

Die Messe wurde damals ganz in Lateinisch gefeiert, aber bei den Gebeten nach der Predigt, die den heutigen «allgemeinen Fürbitten» entsprechen, wurden die im Sterberegister eingetragenen Familien genannt: die Familien Achard, Robin und alle alteingesessenen Familien der Umgebung. Nach der heiligen Messe — zumindest an Allerheiligen — ging Martha mit ihren Eltern und Geschwistern zum Familiengrab, welches zu jener Zeit auf dem «Kirchhof», dem Friedhof an der Kirche, lag.

Dieses Grab musste geöffnet werden, als Martha erst zwanzig Monate alt war. Durch das schlechte Brunnenwasser auf der Plaine war es zu einer Typhusepidemie gekommen, wobei die kleine Clémence am 12. November 1903 starb. Auch Alice bekam diese schlimme Krankheit und magerte so stark ab, dass sie von da an hinkte und mehrere Monate lang im Krankenhaus, dem Hôpital de la Charité in Lyon, behandelt werden musste. Martha selbst wurde auch nicht vom Fieber verschont. Sie überstand zwar die Krankheit, doch blieb sie zeitlebens sehr zart.

Marthas früheste Erinnerung

Marthas früheste Erinnerung geht zurück auf die Hochzeit ihrer ältesten Schwester im Jahre 1908. Als Célina heiratete und Madame Serve wurde, um dann mit ihrem Mann nach St. Sorlin zu ziehen, hatte die kleine, erst sechsjährige Martha ihren ersten Kummer. Sie liebte ihre Schwester so sehr, dass sie eine gewisse Eifersucht auf den Schwager empfand, der sie ihr geraubt hatte. Aber das hinderte sie nicht daran, zu tanzen und herumzuspringen, wie es alle kleinen Mädchen in diesem Alter tun.

Dann ging der normale Alltag wieder weiter. Martha ist ein gehorsames Kind. «Mein ganzes Leben lang war ich gehorsam», wird sie einmal sagen. Sie ist anhänglich und geht mittags gern aufs Feld, um den Vater abzuholen; der nennt sie «ma mimi».

Mit sechs Jahren geht sie in die Schule von Châteauneuf, in eine Volksschule für Mädchen. Seit der Trennung von Kirche und Staat waren die Schulen mit freier Trägerschaft geschlossen. Auf abgekürzten Wegen musste Martha zusammen mit den Geschwistern morgens und abends zwei bis drei Kilometer Weg in Holzschuhen zu Fuss zurücklegen. Die Schule befand sich unten im Dorf, an der grossen Landstrasse, gleich neben dem grossen Platz. Heute ist dieses Gebäude umgebaut zum «Restaurant de la Petite Marmite», von wo aus man im Hof einen herrlichen Tulpenbaum sieht. Besonders im Frühjahr hatte Martha an diesem Baum ihr Entzücken. In späteren Jahren, als sie ans Bett gefesselt war, freute sie sich jedesmal, wenn ihre Nichte ihr einen blühenden Zweig davon mitbrachte.

Wenn um 11 Uhr der Vormittagsunterricht zu Ende war, ging Martha öfter — da es damals noch keine Schulkantine gab — zu einer Mitschülerin, die direkt neben der Pfarrkirche wohnte und die ihr das ganze Leben lang treu blieb. Bei schönem Wetter spielen die beiden Kinder im Hof. Manchmal steigt Martha auf eine Leiter, um die Marienstatue in einer Nische über der Haustür mit Blumen zu schmücken.

Noch als fast Achtzigjährige hat Martha diese Statue nicht vergessen. Kurz vor ihrem Tod sagte sie zu ihrer Freundin: «Du solltest unbedingt den Sockel reparieren lassen, denn sonst wird er eines schönen Tages herabstürzen.» Ihre Freundin antwortete darauf: «Was redest du da? Wieso weisst du das überhaupt? Mir scheint, du streunst wohl die ganze Nacht herum!» Und die beiden Freundinnen lachten herzlich.

Doch zurück zur Kindheit. Wenn es Essenszeit ist, holt Martha aus ihrem Korb ihr Schulbrot, das die Mutter ihr mitgegeben hat. Manchmal isst Martha in der Schule. Eine andere Schulkameradin[1] erzählt, dass Martha schon damals kaum etwas ass.

An bestimmten Tagen geht Martha sofort nach Schulschluss um elf Uhr zum Religionsunterricht nach St. Bonnet. Das bedeutet zwei Kilometer hin und wieder zwei Kilometer zurück.

Doch warum muss sie nach St. Bonnet gehen, wenn doch die Lehrerinnen und der Pfarrer von Châteauneuf an Ort und Stelle Religionsunterricht erteilen? Ganz einfach deshalb, weil Abbé Caillet, der Pfarrer von St. Bonnet, aus Eifersucht auf seinen Amtsbruder befürchtet, dass ihm seine kleinen Pfarrangehörigen entkommen könnten... Also gut, dann eben nach St. Bonnet zum Religionsunterricht! Er wurde wohl in der Kirche abgehalten. Es scheint, dass Martha von Fragen übersprudelte.

Nachmittags ging es zurück zur Schule. Leider gibt es keine näheren Berichte über die Schülerin Martha Robin. Man kann sich mit Recht vorstellen, dass sie in der Schule ebenso gehorsam war wie zu Hause und dass sie voll Lerneifer war. Ihr ganzes Leben hindurch hat sie ja eine grosse geistige Aufgeschlossenheit gezeigt. Da man immer schon von ihrem überdurchschnittlichen Gedächtnis wusste und sie sowohl ihre Direktorin als auch ihre Lehrerinnen sehr gern hatte, kann man annehmen, dass sie eine gute Schülerin gewesen ist.

Doch Martha war oft krank und fehlte dann zwei bis drei Tage hintereinander in der Schule. Manchmal musste sie auch bei ihrer Mutter bleiben, die oft an der Galle litt. So wird es einige Lücken in ihrer Schulbildung gegeben haben. Aber durch dieses häufige unfreiwillige Fehlen hat Martha viel Verständnis für Kranke gewonnen. «Wenn ich hätte tun können, wie ich wollte», sagte sie später einmal, «dann wäre ich über Berg und Tal gegangen, um einen Kranken zu besuchen, nicht wegen der Pflege, sondern aus Liebe zu den Kranken.»

Martha hat keinen Volksschulabschluss. Es ist nicht schwer zu erraten, warum: sie war am Tag der Schulentlassung krank...

...aber fröhlich und schelmisch

Da wir noch von der Schule sprechen, müssen wir noch die Pausen erwähnen. Wenn die Mädchen frei hatten, war es ihr Lieblingsspiel, auf das Tor des Schulhofes zu klettern und den kleinen Zug vorbeifahren zu sehen, der zwischen St. Vallier und Grand-Serre verkehrte. Durch die Dörfer fuhr diese «Bimmelbahn» nur mit sechs Kilometer Stunden-Geschwindigkeit. So hatten die Mädchen Zeit genug, dem Zugführer und den Reisenden freundlich zuzuwinken.

Sie hatten aber auch andere Spiele, z.b. Hüpfspiele und Seilspringen. Manchmal mogelte eine Kameradin. Martha, der nichts entging, sagte dann: «Du hast gemogelt. Macht nichts, mach weiter!»

Martha spielte und lachte gern. Alle ihre Schulkameradinnen sagten, dass sie fröhlich und aufgeweckt war.

Auch ein klein wenig schelmisch war sie! Eines Tages amüsierte sie sich damit, auf dem Jahrmarkt von Châteauneuf (nicht in der Schule!) einem Herrn ein Hasenschwänzchen auf den Rücken zu hängen. «Wir wollten ihm einen Zettel mit einer Aufschrift anhängen, aber wir hatten keinen Bleistift zum Schreiben. Dafür haben wir ihm das Hasenschwänzchen angehängt.»

Firmung im Jahre 1911, heilige Erstkommunion 1912

Wir sind nun schon im Jahre 1911. Msgr. Chesnelong, der Bischof von Valence, der später zum Erzbischof von Sens ernannt wurde, kommt zur Spendung der Firmung nach Châteauneuf. Dies ist in den Pfarrbüchern unter dem 3. Mai 1911 eingetragen.

Am 15. August des folgenden Jahres geht Martha zur ersten heiligen Kommunion. Einige Leute sind empört, dass sie schon mit zehn Jahren zur Erstkommunion geht, und machen den Eltern Vorwürfe. Man darf nicht vergessen, dass das Dekret «Quam singulari» von Papst Pius X. über die Frühkommunion der Kinder vom 8. April 1910 datiert, doch ging die Durchführung nur langsam vor sich. Ganz besonders die

französischen Bischöfe beeilten sich nicht, die Frühkommunion zu befürworten. Dies führte sogar dazu,
dass Pius X. vierhundert kleine Franzosen nach Rom
in die Sixtinische Kapelle einlud, um ihnen persönlich
die heilige Kommunion zu spenden. «Im August 1912
reisten vierhundert kleine Franzosen zum Papst», berichtet Daniel-Rops in seiner Kirchengeschichte, «um
ihm dafür zu danken, dass er das Zulassungsalter für
die erste heilige Kommunion herabgesetzt hatte.» Im
August 1912 ging auch Martha zur Erstkommunion.
Dieses Zusammentreffen scheint wunderbar, und
man denkt gleich daran, dass der Pfarrer von
Châteauneuf die Kommunionfeier bewusst auf dieselbe Zeit angesetzt habe wie Rom. Für alle, die nicht
dieser Meinung sind, gibt es eine befriedigende Erklärung: Eine Erstkommunion findet sonst nie zu dieser
Jahreszeit statt, vor allem, weil es dann ja auch wegen der Schulferien keinen Religionsunterricht gibt.

Leider hat sich Daniel-Rops etwas im Datum geirrt:
die Pilgerfahrt der kleinen Franzosen fand in Wirklichkeit am 14. *April* 1912 statt. Doch scheint es, dass sich
die Pfarrei Châteauneuf von jener Zeit an in dieser
Hinsicht dem römischen Rhythmus angepasst habe.
Und wenn man wissen will, warum Martha ihre heilige Erstkommunion an einem 15. August hatte, so gibt
es eine recht einfache Erklärung dafür: Sie lag krank
im Bett mit Röteln, als die Erstkommunion in der Pfarrei gefeiert wurde. Immer ist sie krank, diese Martha...

Auch der Sohn des Volksschullehrers war von dieser Krankheit nicht verschont geblieben, und so kam
es, dass Abbé Cluze die beiden Kinder aufforderte,
sich auf den grossen Tag durch Exerzitien vorzubereiten. Sie wurden im Pfarrhausgarten abgehalten, an
der Stelle, wo später Abbé Auric Schulräume für den
Religionsunterricht bauen liess.

Dann kam der grosse Tag. In dieser Kirche, deren Gewölbe eigenartig durchbrochen ist, wie um die aufgehende Sonne besser hereinzulassen, spendete Abbé Cluze Martha und dem Sohn des Lehrers den Leib Christi. Es war eine seiner letzten Amtshandlungen in diesem Dorf. Später sollte Martha einmal sagen: «Ich glaube, dass bei meiner privaten Erstkommunion der Heiland von mir Besitz ergriffen hat. Ich glaube, dass er mich für sich in Beschlag nahm. Meine private Erstkommunion war etwas unsagbar Schönes in meinem Leben.»

Kaum zwei Jahre später, am 21. Mai 1914, beging Martha ihre feierliche heilige Kommunion. Da Martha nicht weiter zur Schule ging und es auch keinen weiterführenden Religionsunterricht in ihrer Pfarrei gab, ist ihre religiöse Ausbildung nun zu Ende. Keineswegs ist es aber das Ende ihres christlichen Lebens, wie es in St. Bonnet und anderswo damals zumeist der Fall war.

Für Martha bedeutete Christsein ganz konkret: wie Jesus, und mit Jesus, die Eltern, Freunde, Lehrer und die Kranken zu lieben – und zu beten. Eines Tages gestand sie: «Als kleines Mädchen habe ich immer den lieben Gott geliebt. Meine Schwestern wollten nicht, dass ich immer bete, aber ich betete vor allem im Bett. Ich betete zur Muttergottes und sprach oft mit ihr. Ich betete zu ihr Gebete, die ich in einem dicken Andachtsbuch meines Grossvaters gefunden hatte. Wenn ich ins Dorf zum Einkaufen ging, hatte ich immer meinen Rosenkranz in der Tasche und betete ihn unterwegs.»[2]

Nach der Schulzeit kam die Feldarbeit

1916 ist Martha vierzehn Jahre alt. Im Juli kommt sie aus der Schule, und nun wird sie die ganze Zeit das tun, was sie bis jetzt nur während der Ferien oder nach dem Unterricht getan hat: Wie alle Bauernmädchen ihres Alters, hilft sie ihren Eltern im Haus und bei der Feldarbeit. Sie hat die Arbeit im Freien sehr gern. Nur vor etwas fürchtet sie sich: dass sie beim Kühe- und Ziegenhüten auf eine Schlange stossen könnte.

Von den Schlangen abgesehen, liebte Martha ihre Arbeit als Hirtin. Sie konnte nun die ganze Zeit beten. Viele Jahre später vertraute sie Marie-Ange Dumas an: «Ich betete viel mehr in Gedanken als mit Worten.»

Im übrigen war sie ein hübsches junges Mädchen, das auch gern ein bisschen mit einem Jungen aus Mantaille plauderte, der sonntags zu ihr auf das Feld kam. Sehr gern hätten wir ihn noch angetroffen, um ihn zu befragen, doch ist er vor einigen Jahren gestorben. Wir wissen nur, dass er bei der Taufe eines kleinen Kindes zusammen mit Martha Pate war.

Gesellige Winterabende

Die beste Gelegenheit für Geselligkeiten bot sich an den Winterabenden. Fernsehen gab es noch nicht. Wie gut hatten es die Leute damals – sie konnten sich ihre Abende noch selbst gestalten. Marie-Rose Achard schreibt dazu:

«Manchmal sagte zu Hause einer von uns nach dem Abendessen: ‹Wie wär's, wenn wir zu Ferdinand gingen – oder zu Joseph (Robin)?› Man zog sich warm an und machte sich auf den Weg, an den dunklen Hecken entlang. Die Nachbarn traf man am Kamin sitzend an. Manchmal waren sie auf ihrem Stuhl schon halb eingeschlafen. Unsere Ankunft machte sie wieder munter. Einer legte weitere Äste aufs Feuer. Die Alten sagten dann und wann, zwischen zwei Pfeifenzügen, etwas über die Ernte oder tauschten Erinnerungen über die Kindheit und die alten Zeiten aus. Oder die Männer setzten sich an den Tisch und spielten Karten: eine Partie ‹Cinq Cents› oder ein Manillespiel. Manchmal hörten die Frauen mit dem Stricken auf und spielten mit. Unterdessen widmeten wir Kinder uns eifrig unseren kindlichen Spielen, oder wir durften Pfannkuchen backen, grosse Pfannkuchen, und wir übten uns darin, sie beim Umdrehen in der Pfanne hochzuwerfen. Manchmal kamen sie nicht mehr in die Pfanne zurück und landeten auf dem Boden. Die Grossmutter Rosalie sagte dann lachend: ‹So lernt man's!›

In den Familien mit jungen Mädchen wurden Tanzspiele veranstaltet. Die Mädchen luden ihre Freundinnen aus der Umgebung ein. Die Jungen luden sich selbst ein. Die Freude war gross, wenn viele kamen. Und gross war die Freude, wenn ein Akkordeonspieler da war — sonst ersetzte man ihn, indem man die Tanzweisen selbst sang. Getanzt wurden Polka, Mazurka, Walzer, ‹Grimacière› und ‹Hasenhüpfen›. Die Alten wurden gebeten, den ‹Rigodon› zu tanzen, den die Jungen nicht mehr konnten.»

Wie ihre Freundinnen, tanzte auch Martha auf diesen Hausbällen mit. In St. Uze, St. Sorlin oder in St. Vallier gibt es noch alte Leute, die behaupten, mit ihr getanzt zu haben. Vielleicht ist es nur ein bisschen Angeberei. Martha tanzte gern und konnte auch laut lachen, besonders, wenn sie Geschichten erzählte.

Zu Ende ihrer Schilderung aus dieser glücklichen Kindheit auf der Plaine schreibt Marie-Rose Achard: «Es wird mir plötzlich klar, wie sehr jedes dieser Häuser ein echtes Heim, ein wirkliches Zuhause, ein Mittelpunkt der Geborgenheit war, wo sich das Leben abspielte. Man kannte ja nur seine kleine Welt, aber man kannte sie gut und lebte im Einklang mit ihr.»

In St. Sorlin bei der Schwester

Diese kleine Welt begrenzte sich nicht nur auf die Plaine. Im Laufe des Winters 1916/17 geht Martha nach St. Sorlin in den Weiler Les Epars zu ihrer ältesten Schwester Célina, Madame Serve. Da diese sich während der Abwesenheit ihres Mannes, der im Krieg ist, um ihre kleinen Kinder, den über achtzigjährigen Schwiegervater und um die Landwirtschaft kümmern muss, ist es verständlich, dass sie die Hilfe Marthas brauchen konnte. Wenn Madame Serve — sie ist jetzt neunzig Jahre alt — von dieser schweren Zeit spricht, sagt sie von ihrer kleinen Schwester immer wieder: «Sie war so aufgeweckt und lieb!»

Martha hatte grosse Freude an ihrer Aufgabe. Sie kümmerte sich liebevoll um Kinder und Tiere. Sie macht es so gut, dass sie im April und Mai 1918 noch immer in St. Sorlin ist.

Doch zwei Dinge gab es, die sie verabscheute: die Seidenraupen und die Schweine zu versorgen. Sie hatte einen angeborenen Widerwillen dagegen. Aber das hat sie nur einmal einer Freundin anvertraut.

IV. «Du wirst viel leiden müssen»

War es im Mai 1918, bei der Rückkehr von ihrer Schwester Célina von St. Sorlin, dass die ersten Kopfschmerzen bei Martha auftraten? Manche meinten, es sei schon früher gewesen. Jedenfalls schreibt sie in einem Brief vom 13. Mai an ihren Bruder Henri, der eben erst zu den Soldaten eingezogen worden war, nichts besonderes darüber, soweit wir aus seinem Antwortschreiben entnehmen können – auch nicht im Brief vom 7. Juli. Die Nachbarn Marthas meinen, dass sie erst zur Dreschzeit, also erst im August 1918, anfing, krank zu werden.

Ihr Vater erzählte überall, dass sie unter einem Nussbaum gesessen wäre. Ein Arzt aus St. Vallier erklärte mir: «In unserer Gegend gibt es viele Nussbäume, und sobald jemand krank wird, heisst es, das käme von den Nussbäumen. Aber das ist eine völlig unsinnige Erklärung.»

Was war wirklich geschehen? Litt Martha an Schwindel? War eine Ader geplatzt? Hatte sie einen Tumor? Nach der Ansicht von Max Achard muss es nicht besonders schlimm gewesen sein, da sie noch zu Fuss nach St. Sorlin zum Arzt gegangen war. Doch es waren die letzten Kilometer, die sie auf dieser Strasse gehen sollte.

Eine Gehirnentzündung?

Am 25. November 1918, kurz nach dem Waffenstillstand des Ersten Weltkrieges, als Martha mit ihrer Mutter zusammen in der Küche ist, fällt sie plötzlich hin und kann nicht mehr allein aufstehen. Für ihre Eltern ist das ein Zeichen dafür, dass die Behandlung des Arztes von St. Sorlin nicht geholfen hat. Sogleich holen Madame und Monsieur Robin den Arzt Dr. Berne aus St. Vallier.

Was für eine eigenartige Krankheit hatte Martha befallen? Sie isst nicht, sie spricht nicht, sie ist wie gelähmt an beiden Beinen und dämmert den ganzen Tag vor sich hin. Handelt es sich um Kinderlähmung, um eine Gehirnentzündung, um Rheumatismus deformans? «Sie litt, die Arme», erinnert sich ihre Nichte Madame Danthony aus Anneyron: «Man hörte sie schreien!» Manchmal schrie sie, aber meistens schlief sie.

Es konnte ein Enzephalitis lethargica, eine Viruserkrankung des Zentralnervensystems mit Schlafsucht sein. Dieser Zustand dauerte siebzehn oder siebenundzwanzig Monate − die Berichte sind hier uneinheitlich. Im letzteren Falle würde es bis etwa April 1921 gedauert haben, was uns jedoch, wie sich aus folgendem ergibt, zu lange erscheint.

Marthas Bruder Henri hat in seiner Militärzeit Postkarten geschrieben, die der Neffe, Monsieur Gaillard, zum Glück wieder aufgefunden hat. Diese halten uns auf dem laufenden über Marthas weiteren Gesundheitszustand. Anscheinend geht es ihr einmal besser, einmal schlechter. Oder sollten vielleicht die Briefe der Eltern an Henri ihre eigene Sorge nur verbergen und den Sohn beim Militärdienst nicht bedrücken? Wie dem auch sei − wir bringen hier ein paar Auszüge aus diesem Briefwechsel:

«Ihr schreibt, dass Martha zeitweise noch sehr krank ist» (16. 1. 1919). «Wie Ihr schreibt, leidet Martha immer noch. So lange schon! Man kann wohl sagen, dass sie ein schlimmes Jahr hinter sich hat» (23. 1. 1919). «Mit Freuden höre ich, dass es Martha besser geht» (9. 2. 1919).

«Ihr schreibt, dass es Martha etwas besser geht. Hoffentlich hält die Besserung auch in der kommenden wärmeren Jahreszeit an» (13. 3. 1919). «Martha kommt etwas mehr zu Kräften. Ihr schreibt, dass sie Spritzen zur Stärkung bekommt. Das ist wohl ein Mittel, das am schnellsten wirkt» (6. 5. 1919).

«Martha leidet immer noch. Für sie ist es traurig, so leiden zu müssen, und auch für die, welche um sie herum sind» (26. 5. 1919).

«Diese Krankheit ist eine schlimme Sache. Sie verursacht ihr so viele Leiden und dauert so lange. Hoffentlich erholt sie sich mit der Zeit» (31. 5. 1919).

«Martha geht es immer noch nicht gut» (2. 6. 1919).

Es ist schade, dass es keine weiteren Postkarten gibt.

Für das Jahr 1920 haben wir keine Unterlagen. Es gibt nur eine Anekdote, die man für jenes Jahr oder vielleicht für Anfang 1921 ansetzen kann. Es heisst, dass Abbé Payre, der seit 1912 als Nachfolger von Abbé Cluze Pfarrer von Châteauneuf-de-Galaure ist, Martha besucht habe und dass sie während der Unterhaltung eingeschlafen sei. Lange Zeit danach, als Martha wieder zu sich kam, fragte sie: «Ist der Herr Pfarrer nicht mehr da?» Man liess ihn sofort holen, und sie nahm mit ihm die Unterhaltung an der gleichen Stelle wieder auf, wo sie vor einigen Monaten stehen geblieben waren.

Es ist nur eine dürftige Erinnerung, die aber Zeugnis von einem länger anhaltenden Dämmerzustand zu geben scheint.

Während dieser Gehirnentzündung, oder was es war, war Martha nicht immer bewusstlos. Als ihre Schwester Alice einmal näher an sie herantrat, sagte sie: «Ich spüre es, wenn Du es bist.»

Genesung nach Empfang des Sakramentes
der Krankensalbung

Die Genesung setzte am 25. März 1921 ein, am Feste Mariae Verkündigung. Daher scheint es uns eine zu lange Zeitangabe, von einer Gehirnentzündung bis April 1921 zu sprechen.

Alice, die im Zimmer von Martha schläft, wird durch ein lautes Geräusch geweckt und sieht ein grosses Licht. «Ja, das Licht ist schön», antwortet ihr Martha, «aber ich habe auch die Muttergottes gesehen.»

Doch die Muttergottes liess überhaupt kein Wunder geschehen, und die Eltern nehmen schon bald an, ihr Töchterchen sei verloren. Sie lassen den Herrn Pfarrer kommen, der die Krankensalbung spendet. Kurz danach stellt man deutlich fest, dass es Martha besser geht. Sie will aufstehen, sie bittet, dass man sie in die Küche bringt. Tun die Eltern in solchen Situationen nicht alles, um ihrer kranken Tochter Freude zu bereiten? Daher kauft der Vater gleich in Anneyron einen Lehnstuhl. Dieser steht jetzt zu Füssen des Diwans in Marthas Zimmer. Da sie nach so vielen Monaten der Unbeweglichkeit sehr schwach auf den Beinen ist und nicht mehr gehen kann, trägt sie der Vater auf seinen Armen vom Bett zum Lehnstuhl. Sie sitzt in der Küche, ganz nahe beim Fenster, doch die Läden hält man fürsorglich halb geschlossen, denn ihre Augen vertragen das Licht nicht mehr gut. Man schöpft wieder Hoffnung. Jede Woche geht es Martha besser. Sie steht von ihrem Lehnstuhl auf, macht einige Schritte, geht auch schon mit Krücken umher. Eine Jugendfreundin, Madame Montagne, erinnert sich, gesehen zu haben, wie Martha mit Krücken in die Kirche ging. Vater Robin hat sie wohl mit dem Pferdewagen hingefahren; aber solche Ausfahrten gab es sicher nicht oft.

Lesen und Sticken

Was hat Martha das ganze Jahr 1921 hindurch getan?

Verurteilt zur Unbeweglichkeit, las sie. Die damalige Pfarrbibliothekarin erinnert sich, dass Alice und Gabrielle Bücher für die junge Martha holten. Wir wissen aber nicht, was für Bücher es waren, die sie las.

Eine andere Beschäftigung war das Sticken. Mit ihren Grundkenntnissen aus der Schulzeit, mit den Ratschlägen der Organistin von Châteauneuf, Mademoiselle Caillet, und nach Anleitungen einer Dame aus St. Avit, die später nach Lyon zog, erwarb Martha bald besondere Geschicklichkeit im Sticken. Sie bestickte ein Kinderlätzchen nach dem anderen. Eigentlich hätte sie gern ein bisschen mehr Abwechslung gehabt bei diesen Arbeiten, die man ihr gab. Aber die Notwendigkeit, Arzneien für sie zu kaufen, besonders Aspirin, liess es nicht zu, wählerisch zu sein. Ihr Bruder Henri konnte sich nicht zurückhalten zu sticheln: «Du verdienst dir nicht einmal das Wasser, das du trinkst.»

Aber Martha arbeitet nicht bloss, um ihren Lebensunterhalt zu verdienen. So schreibt sie am 1. August 1921 an ihre Nichte Marcelle Serve: «Es würde mir grosse Freude machen, Spitzen für Dich zu machen.» Übrigens hat sie solche Spitzen auch vielen anderen in der Familie geschenkt, die heute noch diese Handarbeiten sorgfältig aufbewahren.

Einige Zeit später schreibt Martha an ihre Nichte: «Ich lade dich herzlich zur Kirchweih am 5. Oktober in Châteauneuf ein.»

Wallfahrten in der Umgebung

Unterdessen pilgert sie zu Wallfahrtsorten in der Umgebung von Châteauneuf-de-Galaure. Am 15. August 1921 betet sie in Notre-Dame de Chatenay, ganz nahe bei Lens-Lestang, und am 8. September ist sie im Wallfahrtsort Bonnecombe bei Hauterives. Damals sprach man in Frankreich viel von einer Karmelitin von Lisieux, die im Jahre 1923 selig- und ungewöhnlich schnell danach, im Jahre 1925, heiliggesprochen werden sollte: Schwester Theresia vom Kinde Jesus. Martha Robin wird durch dieses kirchliche Ereignis beeindruckt und denkt daran, in den Karmel einzutreten. Ob sie wohl zu den beiden Marienheiligtümern gepilgert ist, um der Muttergottes ihren Plan anzuvertrauen? Ob sie dafür betet, wenn sie in der Küche oder im Hof sitzt und stickt?

Im Frühling 1922 scheint es Martha nicht zu schlecht zu gehen, denn sie verbringt acht Tage bei ihrer Schwester Gabrielle, die in Châteauneuf in der Nähe der Strasse nach Hauterives wohnt. Martha ist nicht sehr flink; sie geht am Stock. Trotzdem gelingt es ihr sehr gut, während der achttägigen Abwesenheit von Gabrielle den Grossvater zu versorgen, sich um das Kleinkind, den Haushalt, die Hühner und die Kaninchen zu kümmern.

Eines Tages geht sie auf den Speicher. Sie kramt in einem Koffer herum und entdeckt darin ein altes frommes Buch. Ihr Blick fällt auf einen Satz, der ungefähr so lautet: «Du suchst Freude, Ruhe, ein angenehmes Leben. Du musst dich aber auf das Leiden vorbereiten.»[3]

Das traf sie wie ein Blitz. «Für mich wird es wohl das Leiden sein», sagte sich Martha.

Noch ein anderer Satz aus dem Buch fällt ihr besonders auf: «Man muss Gott alles geben.» Von diesem Augenblick an hat Martha daran gedacht, sich ganz Gott zu weihen. Sie war zwanzig Jahre alt.

V. Eine geistige Wende?

Am 30. Oktober 1922 werden die Schmerzen in den Knien wieder äusserst heftig. Die Lähmung tritt erneut ein. Wird Martha nie mehr gesund werden? Ihre Familie beginnt daran zu zweifeln. Madame und Monsieur Robin haben gewiss während dieser nun schon vier Jahre dauernden Krankheit Gedanken ausgesprochen wie: «Was haben wir Gott nur getan, dass unsere Tochter nicht wie die anderen ist!»

Und Martha? Sie hatte wohl in ihrer Kindheit einen wahren Hunger nach religiösem Wissen und offensichtliche Frömmigkeit gezeigt. Doch musste sie sich nun, halbgelähmt, in der Blüte ihres Lebens, nicht solche Fragen stellen? War sie während dieser Zeit ihrer Jugend nicht einem schweren inneren Kampf ausgesetzt?

Ankunft von Abbé Faure

Das Hauptereignis im Jahr 1923 war in Châteauneuf die Ankunft von Abbé Léon Faure. Am 6. August wurde er zum Pfarrer ernannt und trat schon bald sein Amt an. Kurz darauf besuchte er die Familie Robin. Madame Bonnet, eine Näherin aus dem Ort, die Martha manchmal Arbeitsaufträge verschaffte, hatte nämlich gleich zum neuen Pfarrer gesagt: «Sie haben ein etwas merkwürdiges Pfarrkind – Sie sollten es besuchen!»

Als er Martha im September oder Oktober besuchte, stellte er nichts besonderes fest. Gewiss war Abbé Faure ein guter und eifriger Priester. Er stand früh morgens auf, um zum Angelus zu läuten; er fastete während der Fastenzeit, und sein Bischof, Msgr. Pic, musste ihm sogar im Namen des Gehorsams auferlegen, sich besser zu ernähren.[4)] Alles in allem war er eine Art Pfarrer von Ars, nur ein wenig brummig und völlig unmystisch. Es wird erzählt, dass er im Seminar vom Herrn die Gnade erbeten habe, nie in seinem Leben mit Mystikern zu tun zu bekommen, «denn», so habe er seinen besten Freunden anvertraut, «ich wüsste nicht, wie ich mich da zu verhalten habe». Er fühlte sich bestimmt eher dazu geeignet, den Leuten die Wahrheit ins Gesicht zu sagen, und zwar mit Nachdruck. Dieser impulsive Mann bereute übrigens oft seine ersten Reaktionen.

Eines Tages betrat eine junge Stammkundin des Tanzlokals seinen Beichtstuhl. Abbé Faure verliess diesen sofort. «Der Herr Pfarrer nimmt nicht die Beichte von Tänzerinnen ab», sagte er. Für ihn war das so und nicht anders... Er hat unter diesem Tanzlokal, das nach dem Krieg im «Schloss» oben im Dorf eröffnet wurde, viel zu leiden gehabt. Aber was konnte er machen, der kleine Pfarrer aus einer winzigen Pfarrei des Nyonsais, die aus den zwei Gemeinden Les Pilles und Châteauneuf-de-Bordette bestand. Hatte der Bischof von Valence nicht einen Fehler gemacht, als er ihn von einem Châteauneuf zum anderen schickte? Ist Châteauneuf-de-Galaure nicht zu gross für ihn?

Bald sollte er entdecken, dass sein Gebet als Seminarist wahrlich nicht erhört worden war. In seiner neuen Pfarrei findet er eine Mystikerin wie Martha Robin vor. Von 1924 an gesteht er den Mädchen der Pfarrjugend, dass er «völlig überfordert» sei. Er ist sich seiner Grenzen ganz und gar bewusst, daher wendet er sich um Rat und Hilfe an seine Confratres, an Abbé Perrier, den Pfarrer von St. Uze, und an Père Betton, der damals Professor für Philosophie am Priesterseminar der Diözese in St. Paul-Trois-Châteaux war. Père Betton war ein bemerkenswerter Humanist, über den wir noch sprechen werden.

In den Harz-Dampfbädern von St. Péray

Bei der ersten Begegnung zwischen Abbé Faure und Martha Robin hat sich wohl nichts Aussergewöhnliches ereignet, umso mehr, als Martha vor diesem nüchternen Mann immer eine gewisse Scheu empfand. Bestenfalls hat sie ihm mitgeteilt, dass sie bald zur Kur in die Harz-Dampfbäder von St. Péray fahre. Dieser kurze Aufenthalt Marthas in St. Péray war wohl sehr bedeutend für ihre weitere geistige Entwicklung — aber natürlich konnte Abbé Faure das nicht vorausahnen.

St. Péray liegt gegenüber von Valence am rechten Ufer der Rhone. Das Hotel Roche, in welchem Martha zwei bis drei Wochen lang wohnte, existiert noch immer, aber das Dampfbad wurde 1946 geschlossen. Vorher schickten die Ärzte jahrzehntelang ihre Rheumapatienten nach St. Péray zur Behandlung mit Harzstoffen. Die Patienten kamen aus ganz Frankreich und aus Belgien. Ein Prospekt von damals, den uns Monsieur Roche zur Verfügung stellte, berichtet, wie eine solche Behandlung durchgeführt wurde.

Am 9. Oktober 1923 schreibt Martha an ihre damals vierzehnjährige Nichte: «Ich möchte Dir ganz kurz sagen, dass ich Dich vor Rheumatismus warne. Denn schau Dir nur einmal die Ansichtskarte an, wie wir da aussehen — ganz nackt in einer Decke eingewickelt. Man schiebt uns richtig in den Backofen hinein. Gestern sagte eine Dame zu dem Heizer des Ofens, er möge doch ein Holzbündel weniger auflegen — aber dann legte er schliesslich eines mehr auf. Das gab eine entsetzliche Hitze. Ich wurde in einen Brunnen verwandelt. Du siehst, meine Liebe, das hier ist nicht etwas, was man sich erträumen möchte; es geht darum, geheilt zu werden… Das Übel ist noch viel schlimmer geworden. Der Backofen schadet nicht − aber mir wird leicht schlecht dabei.»

Dies ist einer der seltenen Briefe, in denen Martha vertraulich über ihr Leiden schreibt, wenn auch in versteckter Weise und mit Humor.

Am 13. Oktober schreibt Martha erneut an ihre Nichte: «Ich teile Dir mit, dass ich heute meinen achten «Backofen» hinter mir habe! Ich glaube, ich werde bald ganz gar sein!»

Am 16. Oktober ist sie voller Hoffnung: «Ich denke, Ende nächster Woche abzureisen. Es geht mir besser. Ich bin sehr froh darüber.»

Am Donnerstag, 17. Oktober, bestätigt sie ihre Abreise in einem Brief an einen Onkel und eine Tante. Sie bittet sie, ihr nicht mehr hierher zu antworten, denn «ich werde nicht mehr da sein». Im Hinblick auf die für 1924 vorgesehene Hochzeit ihrer Schwester Alice fügt sie noch hinzu: «Ich sehe, wegen der Getreideaussaat fehlt es Euch nicht an Arbeit − da ist immer viel los. Aber ich denke, Ihr beeilt Euch zur Hochzeit zu kommen. An dem Tag werden wir dann tanzen! Onkel, ich nehme Dich beim Wort! Vergiss es nicht! Denk' fest daran!»

Martha hat wohl am Samstag, 19. Oktober 1923, St. Péray verlassen. War sie geheilt? Die Nichte zweifelt daran. Daher schreibt sie über die Rückkehr der Tante nach Châteauneuf: «Hingefahren nach St. Péray ist sie mit einem Stock, aber bei der Rückkehr konnte sie fast gar nicht mehr gehen.»

Wenn der medizinische Erfolg auch nicht gerade glänzend war, so ist der Aufenthalt in St. Péray vielleicht doch entscheidend gewesen für die geistige Weiterentwicklung von Martha. Sie hat einige Begegnungen gehabt, die sie prägten. Sie verstand sich zum Beispiel gut mit einer Dame namens Delatour aus Saint-Claude im Jura und besonders gut mit einer Gräfin (?) aus der Ardèche, die Martha später sonntags oft in Châteauneuf-de-Galaure besuchte, jedenfalls bis 1936. Das Erscheinen der Gräfin auf der Plaine, in einem schwarzen Auto mit Chauffeur, wurde von den Nachbarn wohlbemerkt. Ob es eine Madame Dalboussière oder d'Alboussière war? Wir sind nicht hinter dieses Geheimnis gekommen. Jedenfalls scheint diese Dame mit Martha über das Leiden Jesu gesprochen zu haben. Von dieser Zeit an hat Martha nämlich einen gewissen Anruf vernommen, am Leiden des gekreuzigten Heilandes teilzunehmen. Es war ein erneuter Anruf, wie damals, als sie ein frommes Buch in einem Koffer fand.

Laut Abbé Perrier aus St. Uze soll Martha in St. Péray sogar eine Offenbarung gehabt haben, die sie aber eine zeitlang nicht habe wahrhaben wollen. Sie hätte gekämpft, um den Anforderungen Gottes zu widerstehen. Tatsächlich bringt sie in einem Brief an ihren Onkel und ihre Tante grosse Lust zum Tanzen zum Ausdruck. Zur gleichen Zeit wird sie aber auch gebetet haben. Bei den in St. Péray gemachten Bekanntschaften ist besonders von einem Priester aus Angers zu sprechen, einem Krankenhausseelsorger, der sie einlud, sich in seiner Stadt behandeln zu lassen. Sie ist zwar nie dorthin gefahren, aber von ihm hat sie einen Satz behalten, den sie einer Freundin mitteilte:[5] «Ich halte fest in meinen Armen das Kreuz

47

meines Heilandes.» Dieser Satz steht vielleicht an der geistigen Wende Marthas.

Ein wenig mystisch — aber stets schelmisch

Bei ihrer Rückkehr nach Châteauneuf-de-Galaure ist der Zustand ihrer Beine nicht gerade blendend. Weil sie wirklich nicht mehr nach St. Sorlin zu ihrer Schwester gehen kann, besucht diese sie sonntags nachmittags. Wenn das Wetter es erlaubt, trifft sie Martha in ihrem Lehnstuhl draussen sitzend an, sonst in der Küche.

Eine Freundin erinnert sich sogar, Martha im Sommer 1924 beim Viehhüten auf dem Feld bei einem Baum gesehen zu haben. Martha geht übrigens während dieser Jahreszeit zur Zahnbehandlung nach St. Vallier zu Monsieur Rivot. Seine Praxis war über der Apotheke in der Verdun-Strasse. «Mein Mann hat sich im August oder September 1924 als Zahnarzt niedergelassen», erklärt seine Witwe. «Ich weiss nicht mehr genau, ob der Vater von Martha sie mit einem Wägelchen hergebracht hat, oder ob sie mit dem Zug gekommen ist, der zwischen St. Vallier und Grand-Serre verkehrte. Jedenfalls weiss ich noch sehr gut, dass sie an einem Stock ging. Später hat mein Mann sie in ihrem Haus daheim behandelt. Im Jahr 1945 habe ich sie in Châteauneuf-de-Galaure besucht. Sie fragte mich, ob das Wartezimmer noch immer unverändert sei. Sie wusste sogar noch die Namen meiner Kinder. Sie hat mir erzählt, dass sie sich während des Wartens, bis sie an der Reihe war, damit unterhielt, aus den Zeitschriften im Wartezimmer kleine Papierkügelchen zu drehen, die sie den Kindern aus dem Fenster zuwarf. ‹Ich habe aber das Titelblatt sorgfältig wieder über die beschädigten Seiten gelegt›, sagte sie.»

Martha verschenkt ihren Platz für eine Wallfahrt nach
Lourdes

Es ist das Jahr 1925. Am 29. Januar schreibt sie an ihre Nichte Marcelle zum Namenstag. Über ihren Gesundheitszustand sagt sie nichts, aber wenn man die Schrift anschaut und sie mit der in den Briefen aus St. Péray vergleicht, ist man von der Veränderung überrascht. Während der Kur in St. Péray war die Schrift noch sehr schülerhaft. «Zu dieser Zeit herrschen Spannungen und Unentschlossenheit in ihrem Leben. Sie weiss noch nicht, in welche Richtung sie gehen wird. Wählt sie die seelischen Werte, ein tätiges oder ein geistliches Leben...? Sie bleibt herkömmlichen, anerzogenen Grundsätzen noch sehr unterworfen. Sie wagt es noch nicht, sich vom überlieferten Vorbild zu lösen...

Jetzt ist die Schrift viel durchgeformter. Sie zeigt eine bedeutende Entwicklung, eine Loslösung von der Vergangenheit oder auch eine Hinwendung zu Neuem... Die Schreiberin gelangt zu einer Reife, die eher abwägt und kühl abmisst als sich hinreissen lässt durch Gefühle oder Begeisterung.»[6]

Und wirklich, die Freundin, die Martha im Sommer vorher besucht hatte, ist nun ganz bewegt: «Wie verändert sie ist! Sie sitzt in ihrem Lehnstuhl am Küchenfenster bei halbgeschlossenen Fensterläden, aber sie fragt mich nach allem, was es in meinem Leben gibt, sie interessiert sich für alles — und immer mit sehr viel Verständnis.»[6a]

Durch Marthas Schwester Célina, Madame Serve, wissen wir, dass Martha seit 1925 wenig isst. Ihr genügt etwas Obst und etwas Flüssigkeit.

Im August hätte sie als Kranke mit dem Diözesanpilgerzug von Valence mit nach Lourdes fahren sollen. Ihr Pfarrer hatte ihr diese gute Nachricht im Juni überbracht. Er verfügte über einen Platz und bot ihn ihr an. Dann erfuhr aber Martha kurz danach, dass eine andere Kranke aus Châteauneuf sich sehr danach sehnte, nach Lourdes zu fahren. Abbé Faure war in einer sehr schwierigen Lage. Die Diözese konnte keinen zweiten Platz zur Verfügung stellen. Martha gab sofort ihren Platz frei. Da begannen wohl Abbé Faure die Augen aufzugehen: wer ist denn diese Kranke, die ein solches Opfer bringt; welche die Hoffnung auf eine wunderbare Heilung zurückweist aus Liebe zu einer anderen Kranken!

Dieser Verzicht, der ein Zeichen einer aussergewöhnlichen Liebe ist, lässt die geistige Wende im Leben Marthas erkennen. Der innere Kampf, der in St. Péray gegenüber den Forderungen Gottes begonnen hatte, schliesst hier mit der bedingungslosen Selbsthingabe Marthas. Von jetzt an ist alles bereit für die Stunde der Weihe an Gott.

«Siehe, ich bin die Magd des Herrn!»

Seit diesem Verzicht wurde Martha von der Muttergottes ganz besonders mit Gnaden überschüttet. Martha hat dies selbst einer Freundin von Châteauneuf anvertraut.

VI. Der 15. Oktober 1925, ein wichtiges Datum

Der Herr, der ohne Zweifel Martha nach St. Péray geschickt hatte, damit sie mehreren Leuten begegne, die ihr in ihrer geistigen Weiterentwicklung helfen konnten, schickt ihr noch im Jahre 1925 ein junges Mädchen nach Châteauneuf-de-Galaure, das Marthas Vertraute werden sollte: es ist Mademoiselle Lautru.

Freundinnen besuchen sie

Mademoiselle Lautru, die aus einer ungläubigen und antiklerikalen Familie aus St. Etienne stammte, hatte konvertiert, war 1924 getauft worden und liess sich nun in Châteauneuf als Hebamme nieder. Wie kam es, dass sie, die neu hinzugezogen war, so bald schon zur Plaine hinauf kam? Martha hatte sie durch ihre Mutter rufen lassen. «Meine Kleine möchte Sie gern sehen und mit Ihnen sprechen...» So ging Mademoiselle Lautru zu ihr. Martha bat sie, oft wiederzukommen. Das galt auch für zwei andere Freundinnen, Mademoiselle Plantevin und Mademoiselle Bonneton. Die Gespräche waren sicher fröhlich, denn Martha bewahrte ihren lebendigen Geist, doch manchmal sicher auch sehr ernst, wenn man bedenkt, dass Martha geistig sehr heranreifte, dass Mademoiselle Lautru vor einem Jahr getauft worden war und später Ordensfrau in Krankenhäusern von Lyon wurde, und dass Mademoiselle Bonneton Klarissin in Vals-les-Bains wurde. Die Verschwiegenheit der Betreffenden lässt uns darüber im ungewissen, doch es scheint sicher, dass Martha nicht mehr die gleiche ist wie früher.

Akt der Hingabe an die Liebe und den Willen Gottes

Im Jahre 1925, als Papst Pius XI. die Karmelitin von Lisieux, die von Martha so sehr bewundert wurde, heiligsprach — genau gesagt am 15. Oktober, am Fest der anderen heiligen Teresa, der grossen Mystikerin von Avila —, fand das Schlüsselereignis im Leben Marthas statt. Sie übergab dem Herrn ihr Gedächtnis, ihren Verstand, ihren Willen, ihr Herz, ihren Leib, alle ihre Fähigkeiten. Ihr «Akt der Hingabe an die Liebe und den Willen Gottes» ist die vollkommenste Antwort, die es auf das Gebot geben kann «Du sollst den Herrn deinen Gott lieben aus deinem ganzen Herzen, deiner ganzen Seele, deinem ganzen Gemüte und aus allen deinen Kräften». Über diesen «Akt der Hingabe» wurde beim Tode Marthas nichts gesagt. Die Massenmedien berichteten nur über die Stigmen. Es ist jedoch unmöglich, das Leben Marthas im allgemeinen vom Jahre 1925 an und die Stigmen im besonderen zu verstehen, wenn man dieses ihr Herzensgeheimnis nicht kennt.

Man muss diesen «Akt der Hingabe» aufmerksam lesen. Er wurde von einem jungen Mädchen von dreiundzwanzig Jahren, das nur einen Volksschulabschluss hatte, verfasst. Sie hatte keinen weiterführenden Religionsunterricht erhalten und auch nicht in einem Noviziat noch in Kursen irgendeine Ausbildung bekommen. Der Inhalt dieses Textes sagt viel aus über das intensive geistige Leben des jungen Bauernmädchens und lässt ihren Seelenzustand erkennen, wenn die «Prüfungen sie von allen Seiten bedrängen», wie sie selber schreibt.

Der 15. Oktober 1925 ist das wichtige Datum in ihrem Leben. Martha hat Gott alles übergeben und hat alles von ihm hingenommen.

Zwei Versionen des Weihegebetes

Da Martha den ersten Text dieses Weihegebetes zerrissen hat — sie glaubte sterben zu müssen —, und da sie einen zweiten Text schrieb, besitzen wir zwei verschiedene Fassungen. Der zweite Text hat einen mystischen Wortschatz, ist im Vergleich mit dem ersten Text stärker von vibrierender Liebe erfüllt. In der Einleitung des zweiten Textes zum Beispiel schreibt Martha: «Ewiger Gott, unendliche Liebe, o mein Vater, Du hast alles verlangt von Deinem kleinen Opfer», während sie im ersten Text einfach schreibt: «Herr, mein Gott, du hast alles verlangt von Deiner kleinen Dienerin.»

Der zweite Text räumt auch der Muttergottes mehr Platz ein, nicht in sentimentalem Stil, sondern durch und durch theologisch. So schreibt sie: «Ich gebe mich demütig Dir hin durch Maria, meine geliebte Mutter. Maria, o meine über alles geliebte Mutter, übergib Du mich selbst Jesus; übergib Du selbst Gott diese kleine Opfergabe. Möge er kommen und in ihr wohnen und in ihrem Herzen wie in einem Tabernakel ruhen. Wenn er dann dort wohnt, wird er nur mein Elend vorfinden, aber wenigstens findet er auch Liebe, Dankbarkeit, Treue, Grossmut, Hingabe, demütiges und freudiges Vertrauen, um ihn zu entschädigen, zu trösten, zu erfreuen, sein heiliges Herz zu ehren und ihm Seelen zu bringen — alles in Vereinigung mit Dir, meine geliebte Mutter.»

Hier bringen wir nun den älteren Text von 1925 in der Abschrift von Abbé Perrier, dem Pfarrer von St. Uze — dem Mitbruder, den Abbé Faure gebeten hatte, sich Marthas anzunehmen.

Herr, mein Gott, Du hast alles verlangt von Deiner kleinen Dienerin. Nimm und empfange alles! Heute, an diesem Tag, liefere ich mich Dir aus, vorbehaltlos und unwiderruflich. O Geliebter meiner Seele, nach Dir allein verlange ich, und um Deiner Liebe willen verzichte ich auf alles.

O Gott der Liebe, nimm mein Gedächtnis und alle seine Erinnerungen, nimm meinen Verstand und mache, dass er nur zu Deiner grösseren Ehre diene, nimm meinen Willen ganz und gar — ich lösche ihn für immer in Deinem Willen aus. Nein, nicht mehr, was ich will, o liebster Jesus, sondern immer alles, was Du willst. Nimm meinen Willen, führe ihn, heilige ihn. Dir überlasse ich ihn.

O Du überaus gütiger Gott, nimm meinen Leib mit allen seinen Sinnen, meinen Geist mit allen seinen Fähigkeiten, mein Herz mit all seiner Liebe. O anbetungswürdiger Heiland, Dir allein gehört meine Seele und mein ganzes Wesen. Nimm das Opfer an, das ich Dir täglich und stündlich schweigend darbringe; nimm es gnädig an und wandle es um in Gnaden und Segen für alle, die mir lieb sind, zur Bekehrung der Sünder und zur Heiligung der Seelen.

O Jesus, nimm mein ganzes kleines Herz. Es verlangt und sehnt sich danach, nur Dir allein zu gehören. Birg es für immer in deinen starken Händen, damit es sich nicht ausliefere oder verliere an irgendein anderes Geschöpf.

Herr, nimm und heilige alle meine Worte, alle meine Handlungen, alle meine Wünsche. Sei ein und alles für meine Seele. Dir gebe und überlasse ich sie.

Mit Liebe nehme ich alles an, was von Dir kommt: Mühsal, Schmerz, Freude, Trost, Trockenheit, Verlas-

senheit, Einsamkeit, Verachtung, Demütigung, Arbeit, Leiden, Prüfung — alles, was von Dir kommt, alles, was Du willst, o Jesus!

Ich unterwerfe mich demütig der wunderbaren Führung Deiner Vorsehung, indem ich mich einzig und allein auf die Hilfe Deiner unendlichen Güte stütze. Ich verspreche Dir die aufrichtigste Treue. O göttlicher Erlöser, als Opfer für das Heil der Seelen liefere ich mich Dir aus und überlasse ich mich Dir.

Ich bitte Dich, nimm meine ganze Opfergabe an, und ich werde glücklich und voller Vertrauen sein. Ach, ich weiss, es ist sehr wenig, aber ich habe sonst nichts. Ich liebe meine äusserste Niedrigkeit, weil sie mir Deine ganze Barmherzigkeit und alle Deine väterliche Fürsorge schenkt.

Mein Gott, Du kennst meine Zerbrechlichkeit und den unendlichen Abgrund meiner grossen Schwachheit. Wenn ich eines Tages Deinem erhabenen Willen untreu werde, wenn ich vor dem Leiden und dem Kreuz zurückweichen, Deinen Pfad der Liebe verlassen und mich abwenden will von der zarten Stütze Deiner Arme: o ich flehe Dich an und beschwöre Dich, mir dann die Gnade zu gewähren, sofort zu sterben. Vergib mir, o heiliges Herz meines Heilands, vergib mir um Deines geliebtesten Namens willen, durch die Schmerzen Mariens, durch die Fürbitte des heiligen Joseph und um der Liebe willen, die Du selbst gehabt hast, um den Willen Deines Vaters zu tun.

O Gott meiner Seele, göttliche Sonne! Ich liebe Dich, ich lobe Dich, ich preise Dich, ich übergebe mich Dir ganz. Ich nehme meine Zuflucht zu Dir. Verbirg mich in Deinem Schoss, denn meine Natur erbebt unter der Last der grausamen Prüfungen, die mich von allen Seiten bedrängen, und weil ich immer allein bin.

Mein Geliebter, hilf mir, nimm mich mit Dir. In Dir allein will ich leben, um nur in Dir zu sterben.

Man wird diese für den Willen Marthas, sich Gottes Absicht zu überlassen, besonders bezeichnende Stelle bemerkt haben:

«Wenn ich eines Tages Deinem erhabenen Willen untreu werde, wenn ich vor dem Leiden und dem Kreuz zurückweichen, Deinen Pfad der Liebe verlassen und mich abwenden will von der zarten Stütze Deiner Arme: o, ich flehe Dich an und beschwöre Dich, mir dann die Gnade zu gewähren, sofort zu sterben.»

Hier erzittert unser Wesen. Jeder Kommentar erübrigt sich.

Hier beginnt Marthas Weg nach Golgatha.

Martha Robin im Sommer 1924 auf ihrem Fauteuil.

VII. «Seht da meine arme Kleine»

«Ich ermahne euch also, Brüder,
dass ihr eure Leiber als ein
lebendiges, heiliges, Gott wohl-
gefälliges Opfer darbringt, als
euren geistigen Gottesdienst (Röm. 12,1).

Kaum ein Jahr nach dem Akt der Hingabe an den Willen Gottes wird Martha erneut schwer krank. Es ist der 3. Oktober 1926, der Tag, an dem zum ersten Mal das Fest der heiligen Theresia von Lisieux gefeiert wird, die im Vorjahr heiliggesprochen worden war.

Dr. Aristide Sallier von St. Uze — weiss Gott, wie viele Ärzte sie in ihrem Leben gesehen hat — kommt zur Plaine und findet Martha in tiefer Bewusstlosigkeit. «Da ist nichts mehr zu machen», sagt er nur. Pfarrer Faure kommt nach dem Arzt an, um seinem Pfarrkind die Krankensalbung zu spenden. Martha erhält sie nun zum zweiten Mal. Jeden Tag erwartet man ihren Tod. Die tiefe Bewusstlosigkeit hält drei Wochen an.

Die heilige Theresia von Lisieux erscheint Martha

Doch während sich über ihre Gesichtszüge schon die Maske des Todes legt, wurde ihr die Gnade zuteil, dass ihr dreimal die heilige Theresia vom Kinde Jesus erscheint. Die Karmelitin von Lisieux offenbarte ihr, dass sie noch nicht sterbe, dass sie geheilt werde und dass ihre Mission sich über die ganze Welt ausbreiten werde. Das hat Martha Pater Finet anvertraut. Manchmal hat sie sogar lachend hinzugefügt: «O, die Schelmin, sie hat alles übrige mir überlassen!» Dieser Humor inmitten des Leidens und der mystischen Ereignisse sind das beste Zeichen für Marthas gesunden Menschenverstand.

«Nur mehr ein ganz kleines Ding in den Armen Gottes»

Nach ihrem Tod entdeckte man Seiten in einem Heft, auf denen sie über ihre Leiden schreibt, die sie im Laufe der ersten Hälfte des Jahres 1927 erduldete.

Es geht mir seit einigen Tagen besser. Ich kann einen grossen Teil des Tages auf sein, aber ich kann weder denken noch irgend etwas tun, auch keine Arbeiten mit den Händen machen. Zudem ist es mir unmöglich, die geringste Bewegung zu tun ohne die Hilfe meiner aufopfernden Mama — und sei es auch nur, um so doch wenigstens teilweise den Gebrauch meiner Arme und Hände zu erhalten, obwohl letztere schon sehr ungeschickt geworden sind. Doch ich danke dem lieben Gott für alles, was er mir gibt, ganz besonders dafür, dass er mir diesen letzten Gebrauch meiner Glieder gelassen hat, damit wenigstens meine lieben Eltern etwas Trost haben, und ich ihnen kleine Dienstleistungen erweisen kann. O, möge ich sie doch immer nur mit Jesus und für ihn allein gebrauchen! Dennoch fühle ich mich physisch und seelisch ganz vernichtet. Alles macht mir Angst und bedrückt mich. Ich kann nicht mehr reagieren. Fiat! Aber es dauert schon so lange, viel zu lange für mich armes Wesen. Mir scheint, es wäre besser, wenn ich mich mit dem beschäftige, was Gott in meiner Seele und für meine Seele jeden Augenblick wirkt...

Meine Seele ist in diesem Jerusalem der Liebe ganz und gar aufgegangen durch die Macht der Anziehung und der Beseelung von Gott selbst, der mich anscheinend zeitweise ganz in sich aufnehmen möchte. Ich habe Angst vor allem dem... Ich bin geistig und seelisch so allein, und doch fühle ich, dass ich mich ihm vorbehaltlos hingeben muss. Fiat! Ich muss dieses

Fiat oft sagen, das mich mit Jesus und Maria, meiner vielgeliebten Mutter, vereint und mein Opfer vollendet.

Es scheint mir, dass ich nur mehr ein ganz kleines Ding in den Armen Gottes bin und so bis zu meinem Tode bleiben werde. Ich weiss nicht, was er aus mir machen will, doch ich willige in alles ein. Alles ist gut, was von Gott kommt und was er von uns will. Ja, für mich ist alles gut... Alles ist meiner Seele unendlich lieb und süss, weil er es so will, er, der alles lenkt. Ich flüchte mich in sein Herz hinein, vereint mit Maria, meiner Mutter, die ich so sehr liebe, und ich verlasse sein Herz nicht mehr... Ich weiss gewiss: Er wird mich nicht daraus vertreiben (2. März 1927).

Vierzehn Tage später fährt sie fort:

Ich erfahre, wie gut es ist zu lieben, auch im Leiden — und ich möchte sogar sagen, vor allem im Leiden. Denn das Leiden ist die unvergleichliche Schule für die wahrhafte Liebe. Das Leiden ist die lebendige Sprache der Liebe und die grosse Erzieherin der Menschen. Man lernt lieben und liebt erst wahrhaftig im Leiden und durch das Leiden; denn im wirklichen Leiden erbaut man sich nicht an den menschlichen Freuden des gegenwärtigen Lebens, sondern am Entsagen und im Selbstverzicht, am Kreuz.

Ein Herz, in das der Schmerz nicht seine blutenden Wunden eingedrückt hat, kann nicht frei die lebenspendende und heiligmachende Luft der Gipfel und des Himmels atmen. Jeder Aufstieg nährt sich von einem überwundenen Schmerz. Hinaufsteigen heisst, alles zurücklassen, auch sich selbst unaufhörlich zurückzulassen. Es heisst alles geben, alles für Gott und aus Liebe zu opfern (17. März 1927).

«Ich schwimme in der Danksagung»

Marthas Leiden verwandelt sich nach und nach in Osterfreude.

Alleluja, Alleluja! Endlich kann ich ihn aus ganzem Herzen lieben, ihn über die Massen lieben, meinen Herrn und meinen Gott, der wirklich gegenwärtig und lebendig ist in mir! Jetzt fürchte ich mich nicht mehr vor allen seinen Liebesgnaden, vor allen seinen zahlreichen Zärtlichkeiten der letzten Zeit. Ich schwimme in der Danksagung und in der Liebe der wahren Gotteskinder. Meine Schmerzen, meine Ängste, selbst meine Schwäche, die Unfähigkeit, mich mit etwas beschäftigen zu können, alles ist überwunden oder ist mir leicht zu ertragen geworden, seit ich das unermessliche Glück gehabt habe, ganz nahe bei meiner lieben Mutter im Himmel zu kommunizieren, die bei meiner Kommunion anwesend war (2. Mai 1927).

Wenn es Martha ein wenig besser geht, setzt sie sich wieder in ihren Lehnstuhl. Nach ihrer Gewohnheit stickt und betet sie. Doch schon bald ist sie gezwungen, erneut in ihrem Bett sitzend, zu ruhen. Eine ihrer Jugendfreundinnen, Madame Boulord, erzählt: «Im Juli 1927 bin ich sie besuchen gegangen, denn ich war wieder gesund, und wir hatten untereinander abgemacht, dass die erste, die wieder gesund würde, die andere besuchen müsse. Martha war gelähmt, aber sie stickte weiterhin.»

Am 1. Oktober 1927 erscheint ihr wiederum die heilige Theresia. Brauchte Martha Trost? Sie isst nun fast nur noch einige saure Bonbons, die ihr die Besucher schenken.

Erneute Lähmung: Martha isst nicht mehr und ver-
liert den Schlaf

Am 25. März 1928 ist Martha an den Beinen voll-
ständig gelähmt. Von nun an bleibt sie für das ganze
Leben ans Bett gefesselt. Sie liegt im Zimmer neben
der Küche, das auf den Hof geht. Sie ist ganz zusammengekrümmt. Diese Lage ist besonders unbequem,
und so schreibt sie am 2. Juli 1928 an ihre Cousine,
Madame Caillet (es handelt sich dabei vielleicht um
einen der letzten von ihrer Hand geschriebenen Briefe) und bittet sie, ihr einen Diwan zu 600 Franken zu
bestellen: «Ich hätte gern die Rückenlehne 45 bis 50
cm hoch wegen meiner kranken Nieren; 90 oder 80 cm
breit (wenn 90 cm nicht möglich ist), aber nicht
schmaler, vor allem wegen meiner angezogenen Beine. Ich brauche das. Ebenso will ich, dass man mir vier
Räder zum Rollen anbringt.» Der besagte Diwan muss
einige Tage oder Wochen später eingetroffen sein.
Martha wird darauf bis zu ihrem Tode liegen bleiben.

Wie wenn diese Lähmung nicht schon ausreichte
für ihren Kreuzweg, kommt noch hinzu, dass Martha
überhaupt keine Nahrung mehr zu sich nimmt. Diese
Nahrungslosigkeit ist ein aussergewöhnliches, un-
glaubliches Phänomen. Man findet es auch bei anderen Mystikern. Von 1928 bis 1981, ihrem Todesjahr,
hat Martha nur vom Leib des Herrn gelebt, der ihr ein-
bis zweimal in der Woche gebracht wurde. Die Hostie
ging in sie ein und verschwand ohne irgendeine
Schluckbewegung. Martha konnte sonst nichts anderes mehr schlucken. Schon Anfang des Jahres, als ihre
Mutter ihr eine Tasse Kaffee brachte, gab sie diesen
gleich wieder von sich. Madame Robin stöhnte: «Seht
doch nur, in was für einem Zustand meine arme Kleine
ist!» Marthas Vater weinte: «Sie hat doch nichts Bö-

ses getan!» Er tat einem leid, wie mir eine Jugendfreundin Marthas sagte.

Martha verliert also die Körperfunktionen der Nah-
rungsaufnahme wie auch der Ausscheidung, und nun
auch noch den Schlaf. Sie hat nichts Eigenes mehr.
Für die Ärzte ist ein gänzlicher Verlust des Schlafes
noch aussergewöhnlicher als die Nahrungslosigkeit.

Einen solchen Zustand erträgt man nicht ohne Qualen. Es scheint, dass zu jener Zeit Pfarrer Betton Martha den Seelenfrieden gebracht hat. Von da an erscheint ihr die Muttergottes häufiger. Was sagte die
Himmelsmutter ihr wohl? Martha hat in dieser Hinsicht Stillschweigen gewahrt, aber die Tatsache der
Erscheinungen wird von ihrer Schwester aus St. Sorlin, Madame Serve, bestätigt.

«Hat Martha es Ihnen gesagt?»

«Nein, unsere Mutter. Sie sagte: ‹Die Muttergottes
erscheint Martha in ihrem Zimmer, doch wenn ich hin-
gehe, sehe ich sie nicht.›»

«Glaubten Sie das, oder haben sie darüber gespot-
tet?»

«In der Familie glaubte man es. O, meine Mutter hat
Martha bestens gepflegt.»

«Was hat die Muttergottes zu ihr gesagt?»

«Ich weiss es nicht. Aber ich weiss, dass meine
Mutter mir immer gesagt hat, dass die Muttergottes
ihr erscheine. Pfarrer Finet weiss wahrscheinlich
mehr darüber.»

Pfarrer Faure besucht Martha nicht mehr

Martha halfen auch die Besuche von Pfarrer Faure,
der ihr oft die heilige Kommunion brachte. Er wurde
von zwei Ministranten begleitet, wie es damals üblich
war. Aber bald kam Pfarrer Faure nicht mehr. Was
war geschehen?

Martha war sich klar geworden, dass die Besuche des Priesters ihren Bruder ärgerten. Henri brummte oft: «Was will der Pfarrer hier bei uns?» Daher hat Martha, um jeglichen Streit zu vermeiden, Pfarrer Faure gebeten, nicht mehr zu ihr zu kommen, ohne einen Grund dafür anzugeben. Er begriff sicher nicht, warum «sein Pfarrkind» ihm dies antat. Es hat ihn sehr geschmerzt. Martha muss wohl mehr darunter gelitten haben als er, denn ihr wurde nun der Trost der Sakramente genommen.

Martha litt wohl auch darunter, dass ihre Eltern trotz aller Pflege für sie sich ausserstande sahen, ihr Leiden auch nur ein wenig zu erleichtern. Dies lässt Martha in einem Brief an ihre Nichte vom 21. September 1928 durchblicken: «Mama war letzte Woche erschöpft. Der Witterungsumschlag ist ihr auf die Galle geschlagen. Es geht ihr jetzt glücklicherweise wieder besser. Arme kleine Mama! Wie schwer ist es, wenn man denen, die man gern hat, nicht einmal ein Glas Wasser geben kann, wenn es doch so tröstlich für sie wäre, ihnen Erleichterung zu verschaffen.»

Aber weil Martha nicht sentimental ist, weil sie an allem Anteil nimmt und an erster Stelle Freude bereiten will, hat sie der Nichte dies nicht gleich zu Anfang des Briefes anvertraut, sondern beginnt: «Wenn das Wetter immer schön bleibt, wird es wohl eine gute Ernte geben... Ich sticke an Deinem Tuch, es wird wunderschön. Du wirst bestimmt beneidet werden. Ich sticke Dir auch ein hübsches Täschchen, das Dir gefallen wird.»

Im gleichen Jahr 1928 kamen zwei Kapuziner aus Lyon, P. Marie-Bernard und P. Jean, nach Châteauneuf-de-Galaure, um eine Volksmission abzuhalten. Natürlich erkundigten sie sich bei Abbé Faure, ob es in seiner Pfarrei keine Kranken zu besuchen gebe. Abbé Faure berichtete ihnen von Martha, die er leider nicht mehr besuchen dürfe. Die beiden Patres gingen zur Plaine. Nach ihrer Rückkehr sagten sie zum Pfarrer: «Sie haben ja eine Heilige», und sie baten ihn, wieder seine Besuche bei Martha aufzunehmen. Martha selbst hatten sie vorgeschlagen, sich in den Dritten Orden des heiligen Franziskus aufnehmen zu lassen. Dies geschah am 2. November 1928, wie Schwester Marie-Thérèse, die gleich danach ins Kloster eintrat, bestätigte.

Der Teufel schlägt ihr zwei Zähne aus

Aber der «grappin», wie der Pfarrer von Ars ihn nannte, das heisst der Erzfeind, von dem das Evangelium spricht, fing an, gereizt zu werden. «Hast du auch auf meinen Knecht Job acht gegeben? Denn es gibt niemand auf Erden wie ihn.» So hatte einst der Herr zu Satan gesagt. Dasselbe hätte er wohl auch von Martha sagen können. Satan war so ausser sich geraten nach Marthas Aufnahme in den Dritten Orden des heiligen Franziskus, dass sie noch in der Nacht, die auf diese Feierlichkeit folgte, das erste Auftreten des Teufels zu spüren bekam. Madame Robin, die in einem Bett neben dem ihrer Tochter schlief, erzählte: «Ich weiss nicht, was geschehen ist – aber sie stiess einen entsetzlichen Schrei aus.»

Eine Vertraute Marthas berichtet uns: «Der Teufel hat ihr einen Schlag mit der Faust versetzt und ihr dabei zwei Zähne ausgeschlagen. Sie hat es mir selbst erzählt.»
«Haben Sie die ausgeschlagenen Zähne gesehen?»
«Ja! Ja!»
Diese Begebenheit hat auch Pfarrer Perrier berichtet.

Martha verliert den Gebrauch ihrer Hände

Die Lähmung der Beine war zum Fest Mariae Verkündigung 1928 eingetreten. Zu Lichtmess, am 2. Februar 1929, verliert Martha den Gebrauch ihrer Hände. Sie hatte sie dem Herrn aufgeopfert. Er hat sie
beim Wort genommen. Vorbei sind die Briefe, vorbei
die Stickereien. «Ich habe meinen Fingerhut noch gut
acht Tage weiter getragen und habe zu Mama gesagt: Weisst du, du kannst mir jetzt meinen Fingerhut
abnehmen.»

Keineswegs niedergeschlagen durch diese erneute
Lähmung, lernt Martha, mit einem Stift, den sie im
Munde führt, zu schreiben. Ich wäre nicht überrascht,
wenn sie ihre Umgebung mit ihren Schreibkünsten
unterhalten hätte; denn täuschen wir uns nicht: diesem jungen Mädchen von siebenundzwanzig Jahren
gelingt es fast, uns ihr Leiden vergessen zu lassen.

Und dennoch muss man sich klar machen, in welchem Zustand sie sich befand: ihre Arme und Beine
fesseln sie an den Diwan, ihre Beine sind angewin-
kelt. Martha ist zusammengekrümmt, mit einem Kis-
sen im Rücken und einem Polster als Stütze unter den
Knien.

Ihr rechter Arm ruht auf ihrer Brust, und der linke
Arm liegt am Körper entlang. Sie kann sich nicht rüh-
ren. Wenn Madame Bernard, eine Tochter von Ferdinand Robin, Marthas Mutter beim Wechseln der Bett-
wäsche auf dem Diwan hilft, erleidet Martha Qualen,
sobald man sie hochhebt.

Zu dieser unbequemen und bewegungslosen Lage
kommt noch hinzu, dass Martha mehr als fünzig Jahre
lang ohne Trinken, ohne Essen und ohne Schlaf bleibt.
«O Jesus, Du hast aus mir Dein kleines Opfer gemacht», sagt sie am 12. Juli 1929, «so wie Du ein Opfer
für mich und für alle Menschen sein wolltest. Mein

ganzes Leben gehört Dir, o mein Gott. O Kreuz, Kreuz meines Heilands. O göttliche Leiter, welche Erde und Himmel verbindet, Du bist der Altar, auf dem ich mein Opfer vollenden und mein Leben in Aufopferung und Liebe darbringen soll.»

Weit davon entfernt, aufzubegehren, wie Job es eine Zeitlang tat, weit davon entfernt, verbittert zu sein, kann Martha, die mit Christus gekreuzigt ist, ihre evangelische Mission antreten. In der Nacht vom 31. Dezember 1922 zum 1. Januar 1923 schrieb sie (ja man könnte sagen: sang sie) ihr Vorhaben in Versen, denn von nun an kann sie sich in Gedichtform ebenso leicht ausdrücken wie in Prosa:

Ich muss die Liebe säen, die Barmherzigkeit.
Lieben, nur erfasst sein von Güte, Sanftmut, Gerechtigkeit,
zufrieden und liebevoll sein in einem grossen Opfer.
Ja, von ganzem Herzen will ich Opfer sein für alle,
Willens, Frieden zu bringen, den Irrtum zuschanden zu machen,
Ohne je das Feuer von der Flamme zu trennen,
Mich selbst ganz vergessend, will ich die Seelen zur Gottesliebe treiben,
Mich allen hingeben ohne Unterlass, ohne zu zählen,
Geben, immer geben, ohne empfangen zu wollen.

VIII. Die Wundmale des Gekreuzigten

Die Dornen, die sie zusammengeflochten haben, krönten seine Stirn mit Blut. Sie schmähten ihn, sie verhöhnten ihn... Wer könnte da noch schlafen?

(Offizium vom Karsamstag)

Es ist unfasslich, aber wir wissen ja schon ein wenig darüber Bescheid, wie sehr Martha leiden musste seit ihrem Weiheakt und besonders seit dem darauf folgenden Jahr. Selbst wenn man den Glauben hat und wenn man bedenkt, dass das Leiden «ein grosser Erzieher» ist, wie Martha sagt, so hat dies alles sie doch aufgerieben, physisch wie psychisch. Mag sie während der Jahre 1926–1930 manche scherzhafte Bemerkung machen, so ist sie doch zermalmt wie das Weizenkorn unter dem Mühlstein. Durch die Teilnahme am Leiden Christi wurde sie von der gleichen Angst erfasst wie er, der am Ölberg Blut geschwitzt hat.

«Meine Seele ist ratlos. Es ist Nacht in mir!»

Dies ist umso schwerer zu begreifen, als Martha sich seelisch sonst kaum gehen lässt. Doch aus einigen seltenen Briefen, die sie an ihre Freundinnen diktierte, errät man ihr tiefes Leiden. In einem Brief an Schwester Marie-Thérèse, wohl in der Fastenzeit 1930, meint sie feinfühlig: «Ich hoffe, meine geliebte Schwester, dass ich nicht zu indiskret bin, wenn ich bis zu Ihnen vordringe in dieser heiligen Zeit der Busse.» Sie schickt ihr eine Messnovene mit der Bitte, diese an den Geistlichen weiterzugeben, und schliesst:

«Beten Sie für mich, damit ich mehr denn je zu leiden verstehe, um Seelen zu retten. Leiden, damit Jesus geliebt wird.» Sie unterzeichnet: «Ihre arme kleine Freundin.»

Am Karsamstag, dem 19. April 1930, stösst Martha einen Schrei aus, der ein Widerhall der Klagen Christi am Kreuz ist.

In einem glühenden Gebet, das ihre Helferin aufgezeichnet, stöhnt sie:

Alles wankt um mich her. Meine Seele ist ganz ratlos. Willst Du Dein kleines Opfer in der Qual untergehen lassen? Schicke mir einen schwachen Strahl Deines Lichtes, lass über meine Seele einen schwachen Funken gleiten, meinen Mut wieder zu beleben. Verlass mich nicht, o Jesus, denn es ist Nacht in mir.

Dann fasst Martha sich wieder und erklärt:

Ich möchte nicht sterben, um vom Kampf, vom Leiden befreit zu werden. Nein! Nein! Es ist die Ewigkeit, die mich anzieht: Es ist Jesus, der mir die Arme entgegenhält. Es ist die Heimat, die ich erahne und herbeisehne.

Martha ist also nicht versucht, zurückzuweichen, weil sie nicht mehr könnte. Ganz im Gegenteil. Martha seufzt in der Dunkelheit wie ein Kranker, der den Tagesanbruch mit Ungeduld erwartet.

Diese mystische Nacht gleicht der des heiligen Johannes vom Kreuz. Je näher der Mystiker sich Gott fühlt, desto bewusster wird ihm seine eigene Kleinheit. Von nun an scheint es ihr unmöglich, Gottes Gegenwart zu fühlen.

In seinen «Geistlichen Leitsätzen und Denksprüchen» sagt der heilige Johannes vom Kreuz: «Könnte

---

Martha am 11. 8. 1930 bei der Jungfrauenweihe.
An diesem Tag im Alter von 28 Jahren weihte sich Martha der Muttergottes.

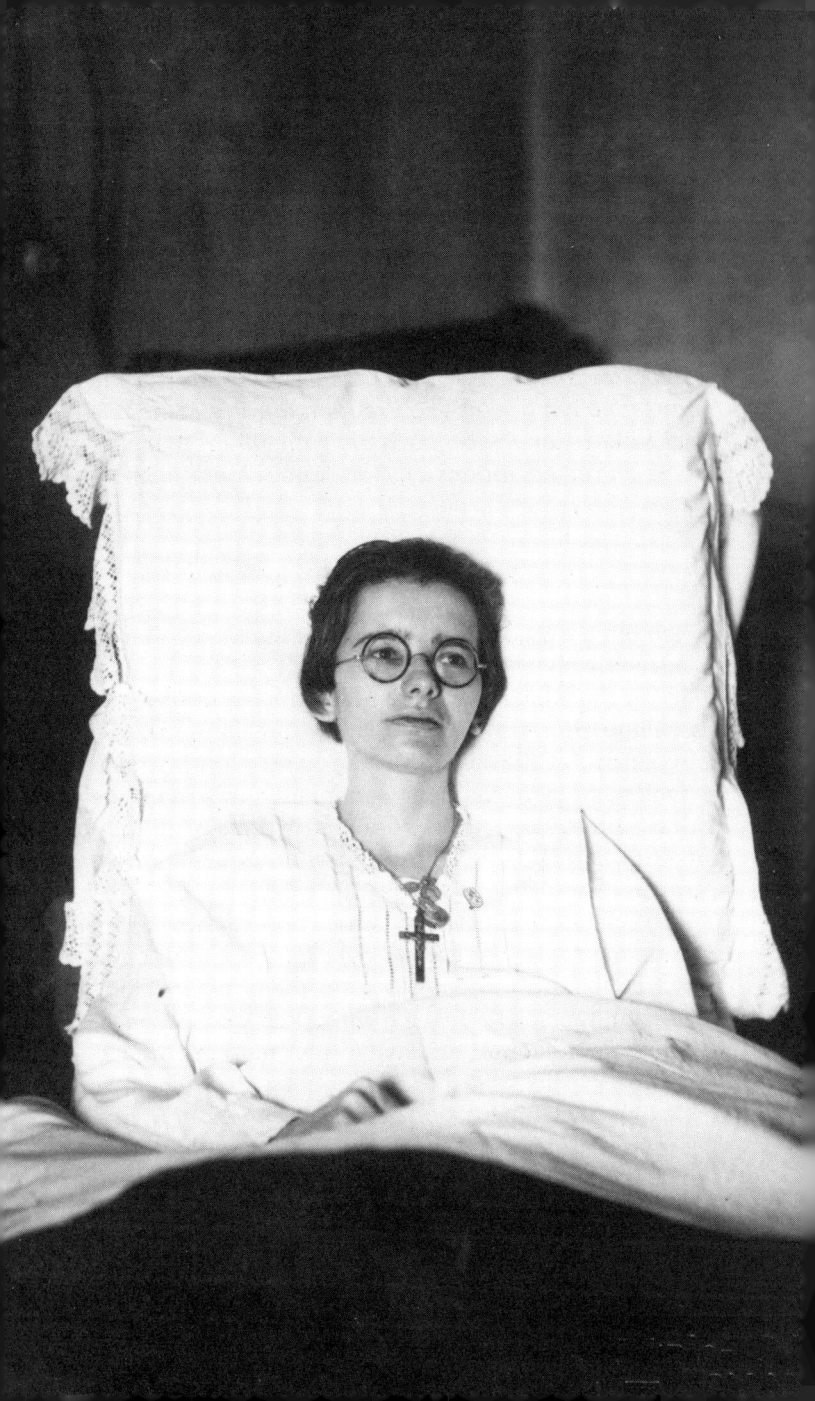

die Seele auch nur flüchtig einen Strahl der göttlichen Schönheit sehen, so würde sie nicht bloss *einmal* zu sterben verlangen, um sie immerdar zu schauen; nein, sie würde selbst tausendmal bereitwilligst den schmerzlichsten Tod erdulden, um sich nur für einen Augenblick dieses Anblickes erfreuen zu können.» [7]

Martha fährt fort: *Ich bin ganz von Blut bedeckt, aber ich nehme es mit glühendem Eifer an, meinen Pilgerweg fortzusetzen. O, ich möchte mein Martyrium nicht tauschen gegen alle Freuden der Welt und alle Reichtümer der Erde. Ich habe nur einen Wunsch: Seelen zu retten, indem ich Gott immer mehr liebe.*

«Beten Sie, dass man nicht sieht, wie ich leide»

«Ich bin ganz von Blut bedeckt.» Man findet diesen Ausdruck erneut in einem Brief, den sie am 14. Mai 1930 an die Klarissin in Vals-les-Bains schreibt. Die freiwillige Helferin Marthas ist Esther, eine jüngere Schwester der Klarissin. Martha kann ganz vertrauensvoll sein. Sicher in dem Gedanken daran, dass sie früher einmal überlegt hatte, selbst in den Karmel einzutreten, sagt sie: «Ich bin ganz verbunden mit Ihnen, Tag und Nacht, und wie glücklich bin ich, dass Sie meine Gesellschaft bei der Matutin gern annehmen wollen. Ich hoffe, die ehrwürdige Mutter möge in ihrem fröhlichen Taubenhaus gern diese neue kleine Taube dulden. Ich fühle mich ganz klein, doch ich werde mich noch kleiner machen, damit man mich nicht vertreibt.»

Sie fügt noch hinzu: «Ich bitte Sie, Schwester Marie-Thérèse, dafür zu beten, dass man nicht sieht, wie sehr ich leide – weder meine Angehörigen noch die Leute um mich herum sollen es sehen. Ich erbitte täglich diese Gnade von der Muttergottes, und damit sie mich weiterhin erhört, bitte ich Sie, mit mir zusammen dafür zu beten.»

Eines Tages, vor der Abreise ihrer Freundin aus Châteauneuf in das Kloster in Vals-les-Bains, vertraute Martha ihr an: «Ich brenne. Es ist, als würde ich in ein grosses Fass getaucht.»

«Verwundet», weil sie nicht Karmelitin werden kann

Später kündigt sie Schwester Marie-Thérèse an, dass ein anderes Mädchen aus Châteauneuf, Denise Chancrin, als Karmelitin ins Kloster in Crest unter dem Namen Schwester Marie-St.-Jean eintreten werde. Martha freut sich mit ihr, erklärt aber dazu: «Wissen Sie, dass wir, Esther und ich, uns jetzt sehr verwundet fühlen? Als mir Ende November unsere liebe Denise Adieu sagte und ich ihr sagte, dass ich sie vom Himmel aus besuchen käme, versprach ich ihr dies nicht zum Tag der Einkleidung, sondern für etwas später. Als ich ihr dies sagte, hatte ich jedoch eine schwache Hoffnung, dass der liebe Heiland mich vor dieser Zeit holen käme − aber ich bin noch auf dieser kalten Erde, wo ich ersticke, und auf welche Seite ich mich auch immer drehe, bin ich voller Blut. Doch trage ich es aus Liebe und zur grösseren Ehre Gottes, für die Seelen, für die Pfarrei, für unser edles Frankreich, für die Seelen unserer Priester. Wie schön ist doch diese unsere priesterliche Aufgabe, die sich im Schatten und in der Stille vollzieht, verborgen wie Jesus in der Hostie.»

Dieses Mal unterschreibt sie: «Ihre kleine Schwester im heiligen Franziskus», weil sie zum Dritten Orden der Kapuziner gehört.

«Willst du sein wie Ich?»

Ende September 1930 erschien Jesus Martha und sagte zu ihr:

«Willst du sein wie Ich?»
Wie hätte sie dies verweigern können, da sie doch den Akt der Hingabe und der Aufopferung an die Liebe Gottes vollzogen hatte!

«Siehe, ich bin Deine Magd!» Mit Recht kann man glauben, dass Martha die Antwort Mariens von den Lippen kam. Aber wie Maria konnte sie nicht ahnen, was auf sie zukam.

In den ersten Oktobertagen – vielleicht am 4., dem Fest des stigmatisierten heiligen Franziskus – erschien der gekreuzigte Jesus Martha erneut vor Augen. Einen Augenblick hat er ihre beiden gelähmten, seit dem 2. Februar 1929 unbeweglichen Arme ergriffen und sie geöffnet. In diesem Augenblick stiess ein Feuerstrahl aus der Seite Jesu, teilte sich und traf die beiden Füsse und die beiden Hände. Ein dritter Feuerstrahl traf Martha mitten ins Herz. Da blutete sie an den Händen, an den Füssen und aus dem Herzen.

Danach – man weiss nicht, ob es am gleichen Tag war – hat Jesus seine Dornenkrone auf Marthas Kopf gedrückt. Wund bis zu den Augenhöhlen, hat sie überaus stark geblutet. Diese Dornenkrone hat ihre Stirn mit «einer Art violetter Äderung» gezeichnet, die jedoch einige Monate später, auf Marthas demütige, sorgenvolle Bitte hin, völlig verschwunden ist.

Oben: Martha Robin am 11. 8. 1930. «Meine Aufgabe ist es, dafür zu sorgen, dass er mit überfliessender Liebe geliebt werde.»
Im Hintergrund das Bett der Mutter, die ständig die kranke Tochter pflegen musste.
Unten: Das Foyer de Charité, das von Martha Robin erkämpft und erlitten wurde.

Schliesslich hat Jesus mit einer letzten Hinwendung Martha mit dem Holz des Kreuzes beladen: da fühlte Martha sich wie ausgerenkt. Diese Auferlegung des Kreuzes mit seinem übergrossen Gewicht weist hin auf die prophetische Klage des Psalmisten: «... auseinandergerissen ist all mein Gebein» (Ps 22,15).

Die Eltern Robin sahen ihre Tochter mit Blut bedeckt und waren erschüttert. Nach Marthas Aussage war es ihrer Mutter bewusst, «dass dieser Zustand von Gott kam, da ihr Kind den göttlichen Willen angenommen hatte». Die Eltern holten jedoch den Arzt Dr. Aristide Sallier aus St. Uze herbei. Seine medizinischen Studien hatten ihn offenbar nicht darauf vorbereitet, ein solches Phänomen zu behandeln. Sogleich wollte er seine Patientin veranlassen zu trinken. Es war unmöglich: die Flüssigkeit kam bei der Nase wieder hervor. Der Arzt fühlte sich machtlos. Eines Tages wird er seine ärztliche Ohnmacht eingestehen und zu Martha sagen: «Mademoiselle, beten Sie für mich!»

Am Freitag, der auf diese Stigmatisation folgte, begann Martha das Leiden Jesu zu erleben.

Besucher aus der Umgebung kommen, um auf der Plaine zu beten

Es dauerte nicht lange, bis dieses Ereignis in der ganzen Umgebung bekannt war. Bald kamen die Frauen zur Plaine, wie man nach Jerusalem hinaufgeht, um Martha zu sehen und mit ihr zu beten und sich durch ihre Vermittlung mit dem Leiden Christi zu vereinen.

Pfarrer Faure und Pfarrer Perrier waren selbst die ersten, welche diese Besuche organisierten. Auch die Kinder aus der Pfarrei kamen, um Martha zu sehen. Eine Frau, die früher in Châteauneuf gewohnt hatte[8], erzählt, dass sie zu jener Zeit zu einer Jugendgruppe gehörte. Diese wurde von den Schwestern vom heiligen Joseph aus Rochetaillé betreut. Pfarrer Faure begleitete die kleine Schar zu Martha: «Wir gingen einmal im Jahr dorthin, Mädchen und Buben. Die Buben waren noch ganz klein. Ich erinnere mich, dass Mama Robin uns freundlich aufnahm. Sie war eine rundliche und liebenswürdige Frau. Wir gingen ins Zimmer rechts neben der Küche. Einmal sprach Martha zu uns von der heiligen Theresia vom Kinde Jesus. Sie hatte ein Bild von ihr, das ich im Sterbezimmer wiedergesehen habe.»

Eine andere Frau aus Châteauneuf[9)] berichtet, dass Mama Robin zu Martha gesagt habe: «Bist du nicht müde, meine Kleine, von all diesen Besuchen?» Madame Robin wunderte sich, dass so viele kamen. Aber Vater Robin, wie übrigens auch sein Sohn Henri, regten sich auf: «Lasst sie in Ruhe», sagte er zu den Besuchern.

Schliesslich benötigte man etwa ab 1931 oder 1932 die Genehmigung von Pfarrer Faure, um zur Plaine zu gehen. Warum von Pfarrer Faure? Einfach deshalb, weil es für die Familie Robin zu peinlich gewesen wäre, den Zutritt zu ihrem Hause zu verweigern.

Bald ergab sich ganz natürlich ein Ritual: bis man an die Reihe kam, wartete man in der Küche von Marthas Mutter, die eine rührende Geduld hatte. Dann ging man hinein, plauderte, übergab Geschenke, allerlei Sachen, die Martha dann mit Freuden an Arme und in die Missionen schickte. Das war der Ursprung dessen, was Pilger von Châteauneuf «Marthas Korb» nennen. Eine Frau aus St. Uze[10)], die einige Zeit bei ihr weilte, erinnert sich an die ersten Pakete, die so zusammengestellt wurden, wie auch an die Briefe, die Martha ihr diktierte. Manchmal bat Martha sie, ihr die Lippen zu befeuchten...

Jemand anderer[11)] berichtet über einen Besuch in der Zeit von 1930—1931: «Ihre Mutter rief ihr, dass ich da wäre. — ‹Warum hast du mich zurückgeholt? Es war so schön da oben›, antwortete Martha.

Dann sprach sie mit mir, ohne irgend etwas zu erwähnen, und ich wagte nicht, Fragen zu stellen. Aber trotz des Halbdunkels im Zimmer sah ich die eingetrockneten Blutstropfen rings um ihren Kopf. Es war so, wie man es später auf ihrem Totenbett sah. Am Ende des Besuches betete ich mit ihr zusammen ein Gesetz vom Rosenkranz.»

Gleich nach dem Aufenthalt in St. Péray, in den Jahren 1923—1925, konnten wir ein Reifen Marthas beobachten. Mit dem Jahr 1930 überschreitet Martha eine neue Schwelle in ihrem Leben.

«Am Abend des 31. Dezembers 1930 sagt sie: *Mein ganzes Wesen hat eine ebenso geheimnisvolle wie tiefe Umwandlung durchgemacht. Ein Jahr der Prüfungen, ein Jahr der Schmerzen. Ein Jahr der Gnaden und der Liebe. Mein gegenwärtiges Glück auf meinem Krankenlager ist tief, von Dauer, weil göttlich… Ich denke daran, welche Wegstrecke ich seit dem Beginn meiner Krankheit zurückgelegt habe. Aus diesem Gedanken erwächst nichts als Liebe und Dankbarkeit gegen den lieben Gott, der so barmherzig ist. Welchen Aufstieg hat Gott in mir bewirkt! Aber welche Überwindung des Herzens und welcher Willenskampf ist nötig, um sich selbst abzusterben!*

Ein Leiden, das sich Woche für Woche wiederholt

Die immer mehr zunehmenden Besuche, die Entrückungen in die himmlische Herrlichkeit («Es war so schön da oben») dürfen uns nicht vergessen lassen, dass Martha weiterhin jeden Tag leiden muss, ohne

Unterbrechung und in immer stärkerem Masse, bis 1981. Man kann sich kaum vorstellen, dass dieser Weg nach Kalvaria fünfzig Jahre dauern musste.

Martha leidet am ganzen Leibe. Wenn man ihr die Wäsche wechseln will, muss man ganz behutsam vorgehen. Madame Robin und Madame Ferdinand Robin, die ihr hilft, wissen schon, dass sie ihr äusserst weh tun. Martha leidet darunter, weder essen noch trinken zu können — nicht weil sie dafür ein Gelübde abgelegt hätte, wie manchmal behauptet wird, sondern weil sie nicht schlucken konnte. Ihre einzige Nahrung ist die Eucharistie. Fünfzig Jahre lang hat Martha nur von der Eucharistie gelebt.

Martha leidet innerlich darunter, dass sie zusehen muss, wie ihre Eltern nichts für sie tun können und darüber ganz unglücklich sind.

Vor allem leidet sie seelisch, weil die Sünde der Welt schrecklich ist und weil die Liebe nicht geliebt wird. Dieses geistige Leiden findet jeden Freitag seinen Höhepunkt, wenn Martha die Kreuzigung nacherlebt, was jahrelang geschah, und wenn sie dann später ab Donnerstagabend das Todesleiden Christi erlebt. «Er möchte gern in mir seine Todesnot noch einmal durchleben bis zu seinem letzten Seufzer und seinem Abstieg zu der Hölle, ja sogar bis zu seiner Auferstehung. Ich bleibe jedoch am Kreuz, um dieses Leben des Gekreuzigten fortzusetzen, das Er von mir will: zu seiner Ehre und zur Errettung der Seelen auf der ganzen Welt.»

Pfarrer Finet hat mehr als einmal diesen ergreifenden Dialog berichtet, der dem Beginn des Todesleidens vorausging:

«Herr Pfarrer, wissen Sie bestimmt, dass heute Donnerstag ist?»

«Ja, mein Kind.»

«Sie wissen, Herr Pfarrer, heute Abend...»

«Ja, mein Kind.»

«Herr Pfarrer, ich werde es nicht aushalten.»

«Doch, mein Kind.»

Und nach und nach spürte Martha im Laufe des Donnerstags die Todesängste der Passion kommen. Sie führte ihren Kampf gegen die entfesselte Hölle, gegen den Bösen, der ihren Kopf gegen das Möbelstück neben dem Diwan stiess. Martha vergoss blutige Tränen.

Mit Christus in Gethsemani trug sie die Sünde der Welt. Sie war davon niedergeschmettert, entsetzt; sie wurde selbst zur Sünde. Manchmal sagte sie zu Pfarrer Finet: «Kommen Sie nicht zu nahe an mich heran, ich beschmutze Sie sonst.» Sie stöhnte unsäglich. Sie betete. Sie betete nicht mehr zu Jesus, denn sie war dann eins mit ihm, sie war zu eng mit ihm verbunden: sie betete zu Gott dem Vater. Man hatte den Eindruck, dass Martha nun selber der Todesängste ausstehende Jesus am Ölberg war. Man hörte sie sagen: «Nimm diesen Kelch von mir», oder auch «Dein Wille geschehe, Vater!»

Die Qualen gingen in der Nacht vom Donnerstag auf den Freitag weiter und dauerten den ganzen Freitag an. Martha durchlebte alle Szenen der Passion. Diese vollendete sie im Vertrauen und Frieden in Gott am Freitagabend, zu unterschiedlichen Zeiten. «Vater, in Deine Hände empfehle ich meinen Geist!» Dann stiess sie einen tiefen Seufzer aus, ihr Kopf neigte sich nach links, stark nach rückwärts. Es war vollbracht. Man hätte sie für tot halten können. Sie war in Ekstase.

Am Samstag oder Sonntag kam sie wieder zu sich, in den letzten Lebensjahren sogar manchmal erst am Montag und dann sogar erst am späten Nachmittag.

Der ärztliche Bericht

Es gibt Personen, die vor oder während oder nach der Kriegszeit Martha gesehen haben, wie sie in Agonie lag oder in Ekstase geriet. Pfarrer Perrier hat die blutbefleckte Stirn Marthas mit einem Taschentuch abgewischt, das in der Familie Sassoulas in St. Uze wie eine Reliquie aufbewahrt wird. Eine ehemalige Lehrerin aus St. Uze[12] sagte mir, dass sie das Blut aus ihren Augen hat fliessen sehen. Hinzu kommen noch die unzähligen Zeugen des Foyer de Charité.

Aber diese vielen Erzählungen verblassen vor einem fünfundzwanzigseitigen ärztlichen Bericht, der an das Ordinariat in Valence und nach Rom geschickt wurde. Der von Bischof Pic verlangte Bericht war von drei Ärzten aus Lyon abgefasst worden, die dafür besonders qualifiziert waren: Universitäts-Professor Dr. Bansillon; Dr. Ricard, Chirurg und Professor, und Dr. Dechaume, Chef der Neuropsychiatrischen Klinik. Es ist zu wünschen, dass man eines Tages Zugang zu diesem Bericht bekommt.

Msgr. Marchand, der gegenwärtige Bischof von Valence, hatte eine weitere medizinische Untersuchung verlangt, die im Frühjahr 1981 hätte stattfinden sollen. Aber Martha starb im Februar 1981.

Dies alles zeigt, dass die Kirche durch ihre Verantwortlichen den Fall der Stigmatisierten von der Drôme ernst nahm.

Fügen wir noch diese Tatsache hinzu: Ein Neurologe aus Paris, Dr. Alain Assailly[13], erzählt, dass er sich bemühte habe, Martha Robin zu überreden, sich einen Monat oder zwei Monate lang in die Klinik zu begeben, damit er seinerseits «seine Kollegen von der Wirklichkeit der aussergewöhnlichen Phänomene» überzeugen könne. «Ihre Mission kann auch ein derartiges Zeugnis verlangen», sagte er zu ihr. Nach einem Schweigen antwortete Martha: «Herr Doktor, ich habe nur eine Regel, die des Gehorsams. Sollte mein Beichtvater, mein Bischof oder der Heilige Vater beschliessen, mich in eine Klinik einzuweisen, würde ich sofort Ja sagen. Aber glauben Sie wirklich, dass das Problem da ist, wo Sie es suchen?»

Das war eine gute Frage. Denn so nützlich ärztliche Berichte auch sein mögen, um jegliche falsche Meinung zu zerstreuen, so kann doch bei diesen Berichten das Wesentliche vergessen werden — nämlich der tiefere Sinn von Marthas Leiden. Weder Röntgenaufnahmen noch klinische Untersuchungen können ein Geheimnis der Liebe verraten.

Der Sinn ihres Leidens

Der Sinn von Marthas Leiden ist, sich mit der Aufgabe ihres Erlösers zu identifizieren. Versuchen wir dies zu verstehen, was der Arzt allein nicht sehen kann.

Jesus, der Sohn Gottes, ist Mensch geworden «und hat unter uns gewohnt». Er hat die Menschen geliebt. Indem er das Leben derer lebte, die er als freie Wesen geschaffen hat, hat er es auf sich genommen, sie reinzuwaschen von aller Liebesverweigerung, von allem Bösen und allen Folgen der Sünde.

Lieben heisst verwundbar sein, sich dem Leiden aussetzen. Deswegen wird Christus arm in einer Grotte geboren und schliesslich gefangen genommen, verspottet, verwundet, am Kreuz getötet und von den Menschen verworfen. Dieser Christus hat nicht das Kreuz angestrebt aus Liebe zum Kreuz. Er wollte lieben, nichts als lieben. In einer sündigen Menschheit führt diese Liebe zum Kreuz.

Alle Jünger Jesu, die aufrichtig an ihn glauben, folgen ihm auf dem gleichen Weg; sie ahmen Christus nach. Das führt sie ebenfalls ans Kreuz. Wenn man zu lieben versucht, scheint es, als falle die Hölle über einen her und entfessele sich, um einen zu misshandeln und zu schmähen. Man denke nur an das Buch Ijob: «Da sprach der Herr zu Satan: ‹Hast du auch auf meinen Knecht Ijob achtgehabt? Denn es gibt niemand auf Erden wie ihn…› Satan erwiderte dem Herrn und sprach: ‹Haut um Haut, und alles, was der Mensch besitzt, gibt er für sein Leben. Doch strecke einmal deine Hand aus und rühre an sein Gebein und Fleisch…› Da sprach der Herr zu Satan: ‹Wohlan, er sei in deiner Hand. Nur schone sein Leben›»[14].

Wenn man also liebt, bleibt es nicht aus, dass das Herz in Mitleidenschaft gezogen wird, und manchmal auch der ganze Leib. Das ist die Wette Satans. Wir kämpfen nicht gegen Fleisch und Blut allein, sondern gegen die Mächte der Finsternis, wie es im Evangelium und beim heiligen Paulus heisst. Die Martyrer wissen davon zu berichten.

Einigen bevorzugten Jüngern hat Gott es gegeben, an ihrem Leib die Leiden Christi nachzuerleben. So ist es zum Beispiel beim heiligen Franz von Assisi, bei Katharina von Siena, und in unserem Jahrhundert bei Therese Neumann und bei Martha Robin. «Ich kann mir die Liebe nicht vorstellen», sagte Charles Foucauld, «ohne ein zwingendes Bedürfnis der Nachahmung.»

«Willst du sein wie Ich?» So hatte Jesus Martha gefragt.

Martha, welche ihr Martyrium trägt und aufopfert, erinnert uns daran, dass der ganze Leib gekreuzigt werden muss: das Haupt (Christus) und die Glieder (die Kirche). Jeder von uns hat sein Kreuz.

«Das ganze Leben ist ein Kreuzweg», hat Martha Robin einmal gesagt, «und jede Seele ist ein Gethsemani, wo jeder schweigend den Kelch seines eigenen Lebens trinken muss.»

Dies ist die Botschaft von Martha Robin.

Herr Jesus Christus, da die Welt zu erkalten begann, hast Du am Leibe des heiligen Franziskus die heiligen Wundmale Deines Leidens erneuert, um unsere Herzen mit dem Feuer Deiner Liebe zu entflammen; verleihe gnädig, dass wir dank seiner Verdienste und Fürbitten beharrlich das Kreuz tragen und würdige Früchte der Busse bringen.

Kirchengebet aus der früheren Messe für das Fest der Wundmale des heiligen Franz von Assisi.

IX. Gebete der Freude im Kreuz

Für Martha ist der Zeitabschnitt von 1928, dem Beginn der Lähmung der Beine, bis 1937 reich an Gebeten, die grosse Strahlkraft haben. Das schönste und theologisch tiefste darunter ist ohne Zweifel das lange Gebet von 1937 zur Heiligen Dreifaltigkeit. «Ein Wunderwerk» nannte Pfarrer Finet es gegenüber einem Dominikaner.

O heilige und ewige Dreifaltigkeit, ich bete Dich an und lobe Dich in Dir selbst und in Deinen Werken, in der Einheit Deines Wesens, in der Gleichheit Deiner Personen, in der Tiefe Deines Wissens, in der Unermesslichkeit Deiner Weisheit, in der Grösse Deiner Vorsehung, in der Schönheit Deiner Geheimnisse, in dem höchsten Deiner Werke: das Gott zum Menschen machte und eine Jungfrau zur Mutter Gottes.

Allmächtiger Gott, ich bete die unendliche Liebe an, die Dich dazu bewog, Deinen einzigen und vielgeliebten Sohn Deines ewigen Wohlgefallens der Welt zu schenken, die durch die Erbsünde und die zahllosen weiteren Sünden verloren war. Ich bete diese gleiche göttliche Liebe an, die sich in der Wahl der Mittel zeigt, um die Menschwerdung ins Werk zu setzen.

Du willst nicht Deine Allmacht anwenden, sondern Du rufst Deine göttliche Weisheit, Güte, Barmherzigkeit, Deine Liebe herbei. Könntest Du uns auf anderen Wegen noch näher kommen? Und wer könnte auch nur erahnen, wie lieb und kostbar Dir die allerseligste Jungfrau Maria ist!

Du hast sie erschaffen und mit den grössten Gaben und Gnaden ausgestaltet, um die würdige Mutter Deines vielgeliebten Sohnes zu werden. In der Ordnung der Natur, der Gnade und der Glorie ist sie das

*Meisterwerk, das aus Deinen göttlichen Händen her-
vorging. In der Ordnung der geschaffenen Dinge hast
Du nie Grösseres, Edleres und Vollkommeneres her-
vorgerufen als die gebenedeite Jungfrau Maria.*

*Deine Menschwerdung, o ewiges und göttliches
Wort, ist der Angelpunkt der Welt, bereitet von Ewigkeit her, und ihre Folgen spannen sich über die Zeiten
hinaus und umfassen die ganze Ewigkeit.*

*Ich bete Dich an, der Du von Deinem Vater den
höchsten Auftrag empfangen und angenommen hast,
uns loszukaufen und zu retten, uns aus der Sklaverei
der Sünde zu befreien und wieder zu Ehren zu bringen, uns das Leben der Gnade wiederzugeben, das
wir durch die Erbsünde verloren haben, und uns fähig
zu machen, in das ewige Leben der Herrlichkeit aufgenommen zu werden.*

*Ich bete Dich an, o Jesus, der Du Dich aufgemacht
hast, den Glanz Deiner Herrlichkeit abzulegen, um einer von uns zu werden. Doch was soll ich nur sagen, o
göttliches Wort, über die Verbindung, die Du im Augenblick der Verkündigung mit Maria eingegangen
bist!*

*Du wolltest Sohn dieser unbefleckten Jungfrau
werden, wie Du auch der einzige Sohn Gottes bist, so
dass wir an Deiner Seite eine Mutter haben, die Du
uns allen gibst.*

*Durch Deine Allmacht und Deine unendliche Güte
hast du sie zur würdigen Mutter Gottes gemacht, damit sie die wahre Mutter aller Menschen werde. Demütig gehorchtest Du ihr in diesem Erdenleben, und
zur Krönung Deines Werkes gewährst Du ihr schon
jetzt im Himmel die Herrlichkeit, die ihrer heiligen
Würde entspricht.*

*Ich bete Dich an, Geist der Stärke, des Lichtes und
der Liebe. Du hast in Maria das erhabene Werk der
Menschwerdung bewirkt.*

Es ist würdig und recht, dass dieses Werk aus der Liebe hervorgegangen ist, dem lebendigen Band zwischen dem Vater und dem Sohn. Mit welcher Vollkommenheit hast Du, o göttlicher Heiligmacher, die unbefleckte Seele der erhabenen Mutter Gottes ausgestattet und sie mit allen Tugenden und Gnaden und allen Gaben geschmückt.

Ich bete Dich an, Geist der Liebe, der Du auf wunderbare Weise in Maria den Leib unseres göttlichen Heilandes gebildet hast. Vor diesem grossen Geheimnis neige ich mich, vor diesem Wunder steht mein Herz in sprachloser Verehrung. «Et concepit de Spiritu Sancto» – mein ganzes Wesen erbebt vor Dankbarkeit.

So betet Martha auf ganz persönliche Weise und in dem ihr eigenen marianischen Geist die drei göttlichen Personen an, über die ihr im Katechismusunterricht in der so trockenen Form der damaligen Zeit gesagt worden war: «Das Mysterium der Heiligen Dreifaltigkeit ist das Mysterium eines einzigen Gottes in drei Personen.»

Wo aber hat Martha dieses Wissen her, das ihr viele Worte der Anbetung über das Verhältnis von Vater, Sohn und Heiligem Geist eingibt? Durch welche Gabe, wenn nicht vom Heiligen Geist, kann sich diese ungelehrte Bäuerin so inspiriert und überfliessend, fromm und begeistert ausdrücken, ohne eine einzige theologisch falsche Note? Wir werden beschämt, und es fällt uns dazu gleich das Gebet Jesu ein: «Ich preise Dich, Vater, Herr des Himmels und der Erde, dass Du dies den Weisen und Klugen verborgen, den Einfältigen aber geoffenbart hast» (Lk 10,21).

Martha ist eine Beterin. Das Gebet ist die Essenz ihres Lebens. Wir hatten schon Gelegenheit, das Gedicht zu lesen, das sie diktierte: «Ich will die Liebe säen.» Es war das Geschenk, das sie dem Herrn in der Nacht vom 31. Dezember 1929 zum 1. Januar 1930 darbot. Es erscheint uns notwendig, uns noch über einige Seiten hinweg bei anderen Gebeten Marthas aufzuhalten, um die Intensität ihres geistlichen Lebens besser kennen zu lernen und zu entdecken, wonach ihr Herz sich ausstreckt.

«Im Kreuz und in der Freude»

Die Gebete Marthas sind keine literarischen Übungen; sie diktierte sie, oder sie wurden von Freundinnen niedergeschrieben, während sie betete. Diese Gebete sind Dankgesänge oder der vertrauensvolle Aufschrei eines Menschen, der jeden Freitag gekreuzigt wurde, weder essen noch schlafen konnte und blutige Tränen vergoss. Denn Martha blutete nicht nur an den Füssen, den Händen und der Seite, sondern sie vergoss jede Nacht blutige Tränen, wie Pfarrer Finet bestätigt. Selbst die Schmerzensschreie perlen aus einer tiefen Freude hervor.

Am 14. Februar 1930 zum Beispiel, als Martha schon ganz gelähmt ist, denkt sie nur daran, dem Herrn zu danken:

Ich habe den bitteren Kelch getrunken bis zur Trunkenheit,
Die süsse Zuflucht nur in Deinem Herzen suchend,
Denn Du nur bist meine Kraft; ich bin niedrige Schwachheit,
Verlasse mich nicht. Ich bin Dein, o Herr!
Ich bin Deine Beute, o Jesus, im Kreuz und in der Freude,

In grausamer Prüfung und im heftigen Schmerz,
Wie ist es süss, zu leiden, wenn man sich dir hin-
opfert,
Und wenn man das grosse Feuer Deines Herzens als
Sonne hat.
Ich weiss, wo die Liebe wohnt, ich habe die Flamme
strahlen gesehen,
Für Deinen Himmel, o Jesus, will ich Blumen
pflücken,
Schmerzhafte Qualen machen meine Seele bluten,
Doch ich sage immer wieder: Hab Dank, mein Hei-
land.

Fast in jedem Vers geht es um Leiden, Schmerzen, Qualen – und doch bleibt die blutüberströmte Martha voller Frieden und jubilierend. Sie ist zur gleichen Zeit «im Kreuz und in der Freude». Diese Worte scheinen widersprüchlich, und doch bilden sie einen Akkord auf dem Grund ihrer Seele.

Betrachtung über das Mysterium der Wundmale

Am 8. Oktober 1930, kurz nachdem sie an ihrem Körper die Wundmale des Gekreuzigten empfangen hat, denkt sie über ihren Zustand nach. Niemand ist erstaunter darüber als sie selbst, und wie die Jungfrau Maria im Evangelium, kann sie es nicht verstehen.

Alles wird für mich mehr und mehr zum Mysterium.
Doch was brauche ich zu wissen! Es steht mir nicht zu
– es steht niemandem zu, die Geheimnisse Gottes zu
ergründen. Ich brauche nur anzubeten, hinzuneh-
men, zu preisen und mich ganz und gar der Vorse-
hung zu überlassen.

Wenn der Herr mich noch hier haben will, so ist es, weil ich es noch sehr nötig habe, mich zu heiligen und gerettet zu werden. Ich werde weiterhin das Brot des Schmerzes essen. Die Gründe sind Geheimnisse Gottes, in die ich nicht eindringen soll. Anbeten unter dem Schleier.

O Jungfrau Maria, gib, dass ich jeden Tag gefügiger, geduldiger, einfacher werde. Möge man mich übersehen und möge man mich vergessen. Ich bitte nicht, dass Gott in mir sichtbare Dinge bewirkt, sondern nur darum, ein demütiges kleines Kind zu sein, sanftmütig und demütig von Herzen.

Es wird einem klar, wenn man dies liest, dass Martha kein Stolz zu Kopf gestiegen ist. Sie versucht nicht, sich ihrer Wundmale zu rühmen.

Martha fährt fort:

Mein Herr und mein Gott, ich überlasse mich Dir. Du willst mich hier, und ich bleibe hier und werde nichts tun, um mich von Dir zu entfernen. Wenn Du mich anderswo haben willst, will ich es auch. Ich weiss, o Jesus, dass Du mich immer und überall für Dich behütest.

Die Liebe meisselt die Herzen, die Liebe läutert, der Schmerz gibt Frieden.

O mein Jesus, möge Dein kleines Opfer leiden, aber möge es Dich ebenso lieben, wie Du ihm Deine Liebe geschenkt hast... O Jesus, bewahre mich für immer. Ich gehöre Dir, gib mir Geduld, Gelassenheit in allem.

Gibt es zu diesem erschütternden und doch so ausgewogenen und friedvollen Gebet noch etwas zu sagen? Man weiss nicht, was man am meisten bewundern soll: Marthas Hingabe an den Willen Gottes, ihre Demut, oder ihren Glauben.

Ein Preislied der Geschöpfe

Aber die Qualen, in denen sie blutüberströmt daliegt, halten sie nicht davon ab, den Herrn immerdar zu preisen, so wie in jenem Gedicht vom 22. Juli 1931, das sie wahrlich nicht auf einer Blumenwiese unter blauem Himmel, sondern in drückender Prüfung geschrieben hat:

Mein Gott, ich preise Dich in Deinen unendlichen Wohltaten,

für Deine Gaben, Deine Wunderwerke und alle Deine Güte,

für die Schätze der Liebe, des Friedens und der Hoffnung,

die Vertrauen in meine Tage voller Prüfung bringen.

Ich preise Dich, Herr, an jedem neuen Tag

für die guten und lieben Eltern, die du mir gegeben hast,

für meinen Bruder, meine Schwestern, meine grosse Familie,

für das geliebte Haus, in dem wir in Liebe leben.

Ich preise Dich, Herr, für die tiefen und reinen Freundschaften,

die Deine unermessliche Liebe auf meinen Weg gesandt hat.

Ich preise Dich, mein Gott, in allen Deinen Geschöpfen,

in deren Seele die Herrlichkeit der himmlischen Gärten wohnt.

Ich preise Dich, Herr, in der ganzen Natur,

die Deinen Namen, Deine Herrlichkeit und Grösse kundtut,

für den unermesslichen blauen Himmel und den leichten Windhauch
und die strahlende Sonne, die die Blumen entfaltet.

Herr, ich preise Dich für die Prüfungen und für das Leben.
Wenn ich Dir meine arme, so müde Hand entgegen-strecke
und ganz leise flüstern werde: Ich liebe Dich und bete Dich an,
dann nimm mich auf, Herr, gewähre mir diese Gnade.

Hier müssen wir uns auf diese wenigen Gebete be-schränken, denn es wären mehrere Bücher nötig, wollte man alles veröffentlichen, was jene, die Martha zuhörten, niedergeschrieben haben. Aber diese Aus-züge genügen, um zu begreifen, dass Martha nicht mehr sich selbst gehört. Sie lässt mit sich geschehen; sie will nur dieses Verlorensein in Gott in einer Freude, die uns in Erstaunen versetzt und unsere Vor-stellung übersteigt.

Visionen

Marthas Visionen haben nichts gemeinsam mit den «Pseudo-Erleuchtungen» von Berufshellsehern. Sie erwiesen sich als richtig, wie uns von jenen versichert wird, die diese Texte gelesen und sie auch mit den biblischen Landschaften verglichen haben, die Mar-tha beschrieben hat, ohne je im Heiligen Land gewe-sen zu sein.

Diese Texte sind aber deshalb so interessant, weil sie uns zeigen, wo Marthas Herz ist. Sie beschreibt die Orte, wo Jesus gewesen ist, nur deshalb, weil sie ihm gern auf Schritt und Tritt folgt.

Hauptsächlich ist es der See von Tiberias, wo ich ihm so oft auf den Wellen folgte. Dort ist allem der Stempel seiner Wunder und seiner sanften und göttlichen Majestät aufgedrückt.

Hier ist Magdala, wo Maria-Magdalena ihr Herz, das seine Ruhe und seinen Frieden nur zu Füssen Jesu finden konnte, an menschlichen Freuden berauschte. Etwas weiter ist Bethsaida und Chorazin, erstere die Heimat von Petrus und Andreas. Im Osten ist der Jordan, der den ganzen See durchfliesst und allen Wassern der Welt die Kraft weitergibt, die ihm von Jesus, dem Lamm Gottes, das die Sünden der Welt hinwegnimmt, gegeben wurde. Diese Ufer, an denen Jesus unzählige Male mit seinen göttlichen Schritten gegangen ist, diese Wogen, die er mit einem Wort gestillt hat, diese einsam in den Ruinen wachsenden Blumen, diese Steine, diese Felsen, diese Lilien des Feldes, diese reifenden Äcker, auf die er blickte, als er der zusammengeströmten Volksmenge seine bewegenden Gleichnisse erzählte ...

Wie viele Pilger, die unter kundiger Führung die Ufer des Sees Genesareth besucht haben, wären bei ihrer Rückkehr in der Lage, eine solche Schilderung abzugeben, die so von Freude widerklingt!

Noch bewegender, so versichert Pater Finet, sind die Seiten der Hefte, in denen Berichte über das Leiden Christi niedergeschrieben sind, wie Martha sie gesehen und erlebt hat. Sie ist so durchdrungen vom Evangelium und ist so eins mit dem gekreuzigten Christus, dass sie seine Geheimnisse kennt. Sie berichtet Einzelheiten, die das Evangelium nicht bringt, die aber zum Beispiel von Archäologen bestätigt werden konnten.

Sie sagt uns auch, dass Jesus seine Mutter auf seine Passion vorbereitet hat. Über die Eucharistie erwähnt sie, dass der Leib Christi eine Beziehung zum ersten Gebot hat, ein Ausdruck für die Ganzhingabe Jesu an den Willen des Vaters ist, und dass der Leib Christi in ganz konkretem Sinne ein Ausdruck des zweiten Gebotes ist, das darin besteht, den Nächsten zu lieben und alles mit ihm zu teilen.

Wenn sie von Jesus und seinem Weg nach Kalvaria spricht, schildert sie ihn wie «ein in Blut getauchtes Tuch», so sehr, dass der Heide Pilatus davor zurückschreckte. Sie beschreibt den Kerker bei Kaiphas (heute Sankt Peter in Gallicante), wo nach ihrer Schilderung Jesus viel gelitten hat. Sie schildert die Kreuzigung, nicht erzählend – das muss betont werden –, sondern wie ein Prophet: sie berichtet, was sie sieht.

Jungfrauenweihe

Sie hätte wohl nicht so gut über diese Hinopferung Christi sprechen können, wenn sie sich nicht selbst mit ihm hingeopfert hätte. Als ob ihre Weihe von 1925 noch nicht genug gewesen wäre; als ob die Wundmale des Gekreuzigten, die sie trug, nicht schon zur Genüge Ausdruck ihrer Hinopferung gewesen wären, wurde Martha im Jahre 1930 von Pater Marie-Bernard zur «Jungfrauenweihe» zugelassen.[15)]

Diese Weihe bestätigte gewissermassen kirchlicherseits Marthas Weihe von 1925. Nun wollte Martha zu diesem Absterben ihres Ich, zu dieser Hinopferung ein Gewand tragen, das ganz bestickt war, und auf dem Kopf wollte sie einen Schleier tragen. Sie war schön wie eine Kommunizierende bei der Ordensprofess, und sie war bereit, sich fotografieren zu lassen. Dieses Ereignis der Jungfrauenweihe erscheint uns besonders aufschlussreich für die ganze Haltung Marthas, die im Kreuz und in der Freude verankert war.

X. Kleine Geschichte einer grossen Schule

Das Himmelreich gleicht einem Senfkorn. Zuerst ist es ganz klein...

So ist das von Martha inspirierte Werk. Man wird sehen, dass trotz ihrer «physischen Tatenlosigkeit», wie sie in einem Gebet vom 10. November 1930 sagt, trotz der Behinderung, die sie in einem dunklen Zimmer ans Bett fesselt, ihr Leben auf einzigartige Weise fruchtbar wird. «Alles dient zum Heil, wenn man liebt, und ich erkenne, dass mein geliebter Herr in seiner unendlichen Liebe es geschehen lässt, dass ich aus allem Nutzen ziehe. Ich wundere mich nicht darüber. Es ist das Werk Gottes und nicht meines.»

Ein «verrückter» Plan

Von 1930 an, dem Zeitpunkt, da Martha zur Jungfrauenweihe zugelassen wird, beginnt sie Abbé Faure, ihrem Pfarrer, von einem Plan zu sprechen, der ihr am Herzen liegt: in der Pfarrei eine christliche Schule für Mädchen zu gründen. Wie erinnerlich, hat Martha ihre ehemalige Rektorin der öffentlichen Schule und die dortigen Lehrerinnen zu sehr geschätzt, als dass es sich hier um irgendein Ressentiment gehandelt hätte. Anlass für sie ist die christliche Erziehung, die niemand von einer öffentlichen Schule verlangen kann. Aber stand Martha nicht doch ein bisschen zu sehr abseits vom Leben ihres Dorfes? Abbé Faure musste seine ganze Energie aufbieten, um sie zu überzeugen, dass Châteauneuf-de-Galaure viel zu sehr unter dem Einfluss der Freidenker stand, und dass es viel zu wenige Familien wären, die ihre Kinder in eine solche Schule schicken würden. Er legte auch dar, dass er selbst genügend Arbeit hätte, und dass er sich nicht zum Verwalter einer Schule berufen fühle. Als Martha über diesen Plan zu ihrem Zahnarzt Monsieur Rivot sprach, fügte sie hinzu: «Der Pfarrer sagt, dass er kein Geld habe.»

Aber Martha gab nicht auf. Zwei Jahre lang trug sie immer wieder ihr Anliegen der Gottesmutter vor, und zwar so sehr, dass Abbé Faure, schliesslich überwältigt, alle Pfarrer des Dekanats, deren es damals siebzehn gab, von der Sache unterrichtete und um ihre Meinung bat. Alle sagten ihm, dass dieses Schulprojekt «verrückt» sei — alle, ausser einem: Abbé Perrier, Pfarrer von St. Uze, der bekanntlich seit fast zehn Jahren Abbé Faure in seinem Dienst an Martha beistand. «Wenn dich Martha darum bittet, musst du es sofort tun!»

Seit der auferstandene Jesus Maria-Magdalena erschienen ist, geschieht es manchmal doch, dass die Apostel und die Priester in der Kirche auf den Rat von Frauen hören...

Kauf und Renovierung des «Schlosses»

Abbé Faure begibt sich also auf die Suche nach einem Gebäude für diese freie Schule. Durch Zufall erfährt er, dass «das Schloss» zum Verkauf aussteht. In diesem alten Gebäude aus dem 16. Jahrhundert, das über das Dorf emporragt, befand sich ein Tanzlokal, das von Monsieur Postole kurz nach dem Ersten Weltkrieg eröffnet worden war, doch schlecht ging. Da der Pfarrer einen heiligen Schrecken vor Tanzlokalen im allgemeinen hatte, musste er schliesslich zugeben, dass es besser sei, dem Plan der freien Schule zuzustimmen. Diese Schule würde zumindest das Verdienst haben, ein neues Tanzlokal zu verhüten.

Abbé Faure liess das betreffende Schloss durch zwei Laien, Monsieur Genthon de Mureils und Mon-

sieur Perrossier, kaufen. Letzterer war einer seiner
guten Pfarrangehörigen, der an der Strasse nach
Hauterives einen Bauernhof hatte. Der Pfarrer fürch-
tete nämlich, dass die Versteigerung Höchstpreise erzielen würde, wenn er selbst beim Verkauf anwesend
wäre. Da das Dach nicht gut war und Steine aus den
Mauern fielen, machten sich drei junge Männer, Gaillard, Cheval und Montagne, daran, dem Bauern
Perrossier bei den notwendigen Instandsetzungsar-
beiten zu helfen. Sie führten Fuhrarbeiten und Räu-
mungsarbeiten aus, ersetzten den Fussboden im ersten Stock durch einen Bretterboden, frischten die
Zimmer auf und richteten die Klassenräume ein. Ein
junger Seminarist, der spätere Pfarrer Auric von Châteauneuf, schloss sich ihnen an und installierte die
elektrischen Anlagen.

Eröffnung und Entwicklung der Pfarrschule

Am 12. Oktober 1934 eröffnete die nicht mehr junge
Mademoiselle Deleuze aus Cléon d'Andran (Drôme)
mit ihrer Kollegin Mademoiselle Michel die Pfarrschule. Man muss gestehen, dass es keinen grossen An-
drang von Schülern gab. Es waren nur sieben: drei
aus dem Ort, davon zwei Nichten Marthas — Suzanne
und Martha Brosse —, und vier aus dem Tal. Zu Beginn des folgenden Schuljahres hatte die Schule acht-
zehn Schüler. Dann gab es einen erstaunlichen Aufschwung:

Oktober 1937: 35 Schüler
Eröffnung einer zusätzlichen Klasse
Oktober 1938: 46 Schüler
Oktober 1939: 69 Schüler
Oktober 1940: 74 Schüler

Danach wird eine Realschule eröffnet, die 1942 schon einundvierzig interne Schüler zählt.

Doch besser als eine ermüdende Statistik zu bringen, wollen wir einfach sagen, dass im Jahre 1981 Châteauneuf-de-Galaure stolz zwei Realschulen und eine Hauswirtschaftsschule aufweist mit insgesamt etwa tausend Schülern.

Wie kann man diesen unerhörten Aufschwung in der Gegend erklären, wenn nicht damit, dass Martha ihre Leiden und ihre blutigen Tränen dafür aufopferte?

«Meine Aufgabe ist..., dass er geliebt werde»

Es ist unmöglich, ihr Leben von Tag zu Tag zu verfolgen. Aber eines ist sicher: Martha denkt nur daran, für ihre Pfarrschule zu beten. Wenn sie auch sehr an deren Verwirklichung hing, so liess sie sich doch nicht in den Mauern dieser Schule «einsperren», die sie nie mit eigenen Augen gesehen hat – nur im Geiste in ihren eigenen vier Wänden. Nach dem Vorbild des gekreuzigten Christus, dessen Jüngerin sie ist, betet und opfert sie für das Heil aller Menschen.

Im übrigen hatte Pius XI. 1933 in Rom das Jubiläumsjahr zur Feier der 1900. Wiederkehr der Einsetzung der Eucharistie und des Kreuzestodes Jesu eröffnet. 1934 dehnte der Papst dieses Heilige Jahr auf die ganze Kirche, aus. Martha lebte in diesem Rhythmus. Und sie entdeckt in ihrem eigenen Fleische, dass das Reich Jesu, ob man es will oder nicht, im Kreuz beginnt. «Wenn ich von dieser Erde erhöht sein werde, werde ich alle an mich ziehen.» Nun denkt sie immer mehr daran, dass sie als «Opfer» mit Christus auf einem «Ehrenposten» steht, wie sie in einem Gebet vom 22. Oktober 1936 sagt. Ihr Auftrag ist es also, zu beten, zu opfern und zu lieben — für die ganze Welt, ohne Ausnahme.

«Nein, ich bin nichts mehr, ich kann nur mehr lieben.
Ich brauche die Liebe nötiger als die Luft zum Atmen.
Immer noch fühle ich mein Herz in meiner Brust schlagen,
doch ich seufze nach der Vereinigung mit Gott,
die mich in den Himmel versetzen wird.»

Bemerken wir nebenbei die theologischen Genauigkeit unserer Dichterin: es ist die Vereinigung mit Gott, welche die Versetzung in den Himmel bewirkt, nicht das Verdienst Marthas. Das Heil ist umsonst; es ist ein Geschenk Gottes.

«Von meinem Gott bin ich der Kelch», sagt Martha am 8. Oktober 1930. «Meine Aufgabe ist es, dafür zu sorgen, dass er mit überfliessender Liebe geliebt wird. So muss ich also jede Gelegenheit ergreifen, um Licht und Wahrheit zu verbreiten.»

Jede Gelegenheit? Darum kommen seit 1930 immer mehr Menschen zu ihr. Madame Pousse aus St. Uze ist eine der vielen, die zur Plaine hinaufgehen.

Sie bezeugt: «Ich habe Martha 1935 zum ersten Mal gesehen. Eine Freundin hatte mich zu ihr geschickt. Ich erinnere mich gut: sie trug eine Brille, sie interessierte sich für alles, was man ihr sagte, und für alle Menschen. Aber zu solchen, die nur kamen, um sich von ihr ‹wahrsagen› zu lassen, sagte sie: ‹Ich bin keine Zauberin.›»

Durch die Gründung der Pfarrschule kam der missionarische Beruf Marthas zum Ausdruck, aber sie beschränkte ihn nicht darauf. Schon am 29. September 1930 betete sie: «Was gilt schon die Zeit der Ernte! Wichtig ist, dass das Gute geschieht, dass überall der Glaube blüht und dass sich in allen Herzen die lebendige Flamme der Liebe entzündet.» Aber wie kann man den Glauben auf der ganzen Welt zum Blühen bringen? Bald wird ihr eine neue Gelegenheit gegeben werden. Sie wird sie nicht verpassen.

XI. 10. Februar 1936: Abbé Finet besucht Martha

Wenn Martha Bestellungen aufgibt...

Am 18. März 1935 diktiert Martha einen Brief mit einer Bestellung an einen katholischen Buchhändler in Valence, der sie ein paar Tage zuvor besucht hatte. Durch einen einfachen Brief lässt sie uns aber einen Blick in ihre Seele tun. Sie bittet um Zusendung grossformatiger Bilder vom heiligsten Herzen Jesus und von der heiligen Theresia vom Kinde Jesu und bestellt dazu ein Krippenchristkind. Sie fügt hinzu: «Aber nicht so etwas, das man im allgemeinen ‹Krippenchristkind› nennt, mit einem dicken weissen Kreuz und einem Engelkopf darauf. Nein, ich will einen richtigen Christus. Ich verabscheue die Art, die ich soeben beschrieben habe.» Sie hatte zuviel vom Kreuz begriffen, um aus dem gekreuzigten Christus ein Engelchen zu machen.

Am Schluss spricht sie von «meinem, auch Ihrem einzigen Schatz, welcher der heilige Hort der Liebe und Herrlichkeit ist: von dem heiligsten vielgeliebten Herzen Jesu. Dass ich ihn, die unendliche Liebe, liebe, und dass auch Sie ihn lieben. Mögen wir beide, Sie und ich, der Anlass sein, dass er viel geliebt werde. Das genügt uns, während wir den Himmel erwarten — bald!»

Dieser Bestellbrief ist interessant, aber er sollte nicht solche Konsequenzen nach sich ziehen wie zwei andere Bestellungen im Laufe desselben Jahres.

Es fing damit an, dass Madame Lucien Gorse aus Lyon, die Martha Robin seit 1933 regelmässig besuchte, von ihrer Schwägerin Madame André Relave erzählt, die eine talentierte Malerin war. Martha nahm diese Nachricht mit Interesse auf und regte an, die

Malerin möge ihr ein Bild vom heiligsten Herzen Jesu schicken. Das geschah am 29. Oktober 1935.

Nach Lyon zurückgekehrt, spricht Madame Gorse von der Stigmatisierten aus Châteauneuf mit Mademoiselle Blanck, einer heiligmässigen Frau, die sich für die Missionen aufopferte. Mademoiselle Blanck geht auch zur Plaine hinauf − es wird Dezember 1935 gewesen sein. Martha sagte zu ihr: «Ich hätte gern ein Bild von der Muttergottes für die Schule von Châteauneuf, doch nicht so eines, wie man es überall sieht...» Ein anderes Mal erklärt sie deutlich: «Ich möchte ein Bild von Maria, der Mittlerin aller Gnaden.»

«Ich habe, was Sie suchen», antwortet Mademoiselle Blanck. «Ich habe eine wunderbare Graphik in Lyon. Ich werde Ihnen ein Aquarell davon machen lassen, es einrahmen und Ihnen senden.»

Bevor Mademoiselle Blanck nach Lyon zurückkehrte, besuchte sie noch Abbé Faure, der ihr sagte, er werde durch den Fall «Martha» immer mehr überfordert, um so mehr, als diese ihm einen neuen Plan anvertraut habe «zur Verherrlichung des Vaters, zur Ausbreitung der ganzen Kirche und zur Erneuerung der Welt durch religiöse Unterweisung». Der arme Abbé Faure, der zwei Jahre lang das Projekt einer konfessionellen Mädchenschule in seiner Pfarrei hinausgeschoben hatte, fühlte sich verängstigt durch diese «ungeheure Sache» von weltweitem Ausmass. Er vertraute Mademoiselle Blanck an: «Man müsste jemanden finden, der in der Lage wäre, meinen Platz bei Martha einzunehmen.»

So kehrt also Mademoiselle Blanck nach Lyon zurück mit zweifachem Auftrag: das Bild «Maria Mittlerin» nach Châteauneuf zu senden und einen Priester

Père Finet, der seit 1936 ihr Seelenführer war.

zu suchen, der Abbé Faure ablösen würde. Sie spricht darüber mit der Oberin von Notre-Dame du Cénacle, einer klösterlichen Gemeinschaft mit einem Haus neben der Wallfahrtskirche von Fourvière. Die Oberin Mutter Scat hatte sofort eine Idee: man muss Abbé Finet hinschicken. Er hat ein Auto, er kann das Bild transportieren.

Wenn eine Frau sich etwas in den Kopf setzt...

Wer war Abbé Finet?

Wer war nun der betreffende Abbé? Er war am 8. Juli 1923 durch Kardinal Murin zum Priester geweiht worden, nachdem er in Rom studiert hatte. Er war zuerst Vikar in Oullins, dann an der Primatskirche St. Jean in Lyon, bis er zweiter Direktor der kirchlichen Schulen der Diözese wurde. Als er an der Primatskirche war, verband ihn vieles mit der klösterlichen Gemeinschaft des Cénacle, wo er über die «Wahre Verehrung der Jungfrau Maria» nach Ludwig-Maria Grignion de Montfort sprach, der 1947 heiliggesprochen wurde. Man war so zufrieden mit Abbé Finet, dass er gebeten wurde, seine Vorträge fortzusetzen, nachdem er seinen Abschied von der Primatskirche genommen hatte, das heisst, als er in den Dienst an den kirchlichen Schulen berufen wurde. Zehn Jahre lang sprach er zehnmal jährlich über die «Wahre Verehrung der Jungfrau Maria».

Der junge Abbé Finet, der gern davon sprach, dass er an einem Marienfest — am 8. September, dem Fest Mariae Geburt — getauft worden war, ahnte nicht, was auf ihn zukam, als die Oberin Mutter Scat ihn um die Gefälligkeit bat, die Fahrt nach Châteauneuf zu machen.

Das von Père Finet überbrachte Marienbild «Marie Médiatrice — Maria Mittlerin aller Gnaden».

MARIE MÉDIATRICE

Am 10. Februar 1936 morgens sucht er auf seiner Strassenkarte den Ort Châteauneuf-de-Galaure auf. Er hat das von Martha Robin bestellte Bild in seinem Auto, und gegen 11 Uhr kommt er in dem Dorf der Drôme an. Er begrüsst den Pfarrer und bittet ihn, das Bild an Martha weiterzugeben.

«Wollen Sie ‹mein Pfarrkind› nicht sehen», fragt ihn Abbé Faure.

«Wer ist das, ‹Ihr Pfarrkind›?»

«Martha Robin.»

«Und wer ist das?»

«Eine auserwählte Seele. Sie sollten sie besuchen.»

«O! Auserwählte Seelen kenne ich zur Genüge! Ich höre Beichte bei Frauen.»

Abbé Faure räuspert sich. Er sagte, Martha Robin sei aussergewöhnlich. Abbé Finet war schliesslich einverstanden. Er fuhr in Begleitung von Pfarrer Faure in seinem Wagen zu ihr.

Der historische Besuch vom 10. Februar 1936

Gegen 11.30 Uhr kommen sie auf dem Hof an. Die Mutter von Martha bereitet gerade die Suppe. Vater Robin war auch da (es war kurze Zeit vor seinem Tod; er starb am 23. Juni 1936). Pfarrer Faure betritt Marthas Zimmer, während Abbé Finet das Bild von den Schnüren und der Verpackung befreit. Nach einer Wartezeit, die ihm lang erschien, wurde Abbé Finet auch in das Zimmer gebeten. «Martha will, dass Sie selbst ihr das Bild bringen», sagt Pfarrer Faure.

Abbé Finet betritt etwas bewegt das Zimmer. Er hat das Gefühl, dass die Muttergottes seine Schritte lenkt. Martha bewundert das Bild, betet und bittet Abbé Finet, am Nachmittag wiederzukommen. Er ist gespannt.

Der Priester aus Lyon geht zum Mittagessen ins Pfarrhaus. Man kann sich vorstellen, dass die beiden Männer bei Tisch wohl lange über dieses ungewöhnliche Pfarrkind gesprochen haben.

Um 14 Uhr geht Abbé Finet wieder zu Familie Robin hinauf. Der Besuch dauert drei Stunden und endet, als die erste Vesper vom Feste der Erscheinung Unserer Lieben Frau in Lourdes gebetet wird.

Abbé Finet hat oft von diesen für ihn unvergesslichen Augenblicken erzählt. Wir bringen hier seinen eigenen Bericht, den wir aus mehreren Texten zusammengestellt haben.

«Während der ersten Stunde hat Martha nur von der allerseligsten Jungfrau Maria zu mir gesprochen. Ich, der ich Vorträge über Maria gehalten habe, war hingerissen davon, auch von der Art, wie sie von der Gottesmutter sprach. Sie nannte sie ihre geliebte Mutter. Ich entnahm daraus, dass die beiden sich sehr gut kannten... Während der zweiten Stunde sprach sie zu mir über die grossen Ereignisse, die bald eintreten würden – einige sehr ernste, einige sehr schöne. Im wesentlichen schilderte sie mir in diesem zweiten Teil des Gespräches, dass es ein neues Pfingsten der Liebe geben werde, dass die Kirche sich durch das Laienapostolat erneuern werde. Sie hat mir viel darüber gesagt. Sie betonte sogar, der Laienstand werde eine sehr wichtige Rolle in der Kirche zu spielen haben; viele würden zu Aposteln berufen werden. Später frappierte es mich sehr, als ich Pius XII., Johannes XXIII. und Paul VI. von einem neuen Frühling der Kirche und einem neuen Pfingsten der Liebe sprechen hörte. Sie hat mir auch gesagt, dass die Kirche sich ganz und gar erneuern würde. Sie fügte auch bei, es werde viele Formen der Ausbildung für Laien geben, doch würden es besonders die Häuser (Foyers) des Lichtes, der barmherzigen Liebe sein. Ich wusste nicht recht, was sie damit meinte.

Dann fuhr sie fort: ‹Das wird aber etwas ganz Neues in der Kirche sein, etwas, das es noch nie gegeben hat. Es wird ein geweihtes Laientum, nicht ein religiöser Orden sein. Die Foyers de Charité werden von einem Priester, dem geistlichen Vater, geleitet werden, und sie bestehen aus engagierten Laien.› Sie versicherte: ‹Diese Foyers de Charité werden sich in der ganzen Welt verbreiten. Sie werden eine Antwort des Herzens Jesu an die Welt sein nach der materiellen Vernichtung der Völker mit ihren satanischen Verirrungen.› Und sie erklärte, dass zu den Irrtümern, die überwunden würden, der Kommunismus, der Laizismus und die Freimaurerei gehören würden. Von diesen dreien hat sie 1936 ausdrücklich gesprochen. Aber sie sagte auch, dass dies erst nach einem Dazwischentreten der Jungfrau Maria geschehen werde.

In der dritten Stunde wandte sie sich direkt an mich:

‹Herr Abbé, ich muss im Auftrage Gottes eine Bitte an Sie richten.›

‹Ja, bitte, Fräulein Martha?›

‹Sie sollen hierher nach Châteauneuf kommen, um das erste Foyer de Charité zu gründen.›

‹Ich? Aber ich bin nicht aus dieser Diözese. Ich gehöre zu Lyon!›

‹Was macht das schon, wenn Gott es will!›

‹Ach — daran habe ich nicht gedacht... Aber was soll ich tun?›

‹Vor allem bei Einkehrtagen predigen.›

‹Ja, dreitägige Exerzitien — das wäre eine gute Sache.›

‹Nein: die Muttergottes will fünf Tage.›

‹Ah, gut. Aber für wen sollen diese Exerzitien sein?›

‹Für Frauen und Mädchen.›

‹Was soll man während dieser Exerzitien machen? Gespräche, Gedankenaustausch?›

‹Nein, nein, nein — die Muttergottes will vollkommenes Schweigen!›

‹Glauben Sie, dass ich Frauen und Mädchen fünf Tage lang zum Schweigen bringe?›

‹Da die Muttergottes es verlangt...!›

‹Ach ja, gut. Aber wie macht man diese Exerzitien bekannt?›

‹Die Muttergottes wird sich darum kümmern. Jesus wird aussergewöhnliche Gnaden schenken. Sie werden keine Reklame machen müssen!›

‹Aber wo sollen diese Exerzitien stattfinden?›

‹In der Mädchenschule.›

‹Aber man würde Betten benötigen, und eine Küche... Wer soll diese Arbeiten übernehmen?›

‹Sie!›

‹Aber mit welchem Geld?›

‹Machen Sie sich keine Gedanken, die Muttergottes wird dafür sorgen.›

‹Wann sollen die ersten Exerzitien stattfinden?›

‹Am 7. September...›

Ich war verwirrt. Ich sagte ihr, ich müsse mit meinen Vorgesetzten darüber sprechen.

Am 10. Februar abends begleitete mich Abbé Faure nach Lyon, während Pfarrer Perrier von St. Uze Martha am nächsten Morgen, dem Marienfest, die heilige Kommunion bringen sollte.

Was für ein Abenteuer war das; was für ein Abenteuer! Aber Pfarrer Faure war voller Freude.

Am 11. Februar lasen wir beide unsere Messe in Fourvière ob Lyon. Wir lasen sie für die Foyers des Lichtes, der barmherzigen Liebe.

Ich sprach mit Msgr. Bornet, meinem Vorgesetzten. Er befahl mir: ‹Wenn es Martha ist, die Sie darum bittet, müssen Sie zusagen!›

Ich sprach mit Pater Albert Valensin, meinem Beichtvater, darüber. Dieser bemerkenswerte Jesuit war ein Fachmann in mystischer Theologie. Er sagte mir: ‹O, Martha Robin, die kenne ich. Ich bin durch Msgr. Pic zu ihr gekommen, es ist noch nicht lange her.[16)] Ich bin drei Stunden bei ihr geblieben.›

Ich habe ihn gefragt: ‹Was halten Sie davon, Herr Pater?› Er antwortete mir: ‹Martha Robin ist eine Katharina von Siena. Sie wird Sie nie täuschen. Sie ist kirchlich. Sie können alles tun, was sie Ihnen sagt. Tun Sie alles, was sie Ihnen sagt – alles, alles, alles! Und ich werde immer für Sie da sein und Ihnen helfen und Ihnen beistehen, wenn es nötig ist. Wenn Sie heftig angegriffen werden, werde ich Sie verteidigen.›

Daraufhin gab es für mich nichts anderes mehr als mich aufzumachen. Ich suchte Msgr. Pic, den Bischof von Valence, auf. Er empfing mich mit offenen Armen. Wir verstanden uns sofort. Er segnete das Unternehmen...»

XII. Entstehung des «Foyer de Charité»

Die ersten beiden Exerzitien wurden gehalten.

Die Welt war in Aufruhr.

Es genügt nicht, einfach über die Entstehung des ersten Foyer de Charité in Châteauneuf-de-Galaure zu berichten, ohne sie in Zusammenhang mit der Weltgeschichte zu bringen. Die Welt war damals in hellem Aufruhr.

Erinnern wir uns: in Mexiko hatte der Diktator Carranza schon vor Jahren eine Ära der Kirchenverfolgung eröffnet. Priester und Ordensleute wurden vertrieben oder zu Tode gefoltert.

In Europa kämpfte Pius XI. mit ungewöhnlicher Schärfe gegen die totalitären Regime in Italien und Deutschland. Bei der Eröffnung der Weltausstellung der katholischen Presse Anfang des Jahres 1936 erklärte er, dass der Nationalsozialismus und der Bolschewismus absolute «Feinde der Wahrheit und der Gerechtigkeit» seien. In mehreren Reden übte der Papst in jenem Jahr Kritik am Kommunismus, der in Russland herrschte: «Verneinung aller Menschenrechte und der Rechte Gottes.»

In Spanien wütete seit dem 14. Juli 1936 der Bürgerkrieg mit aller Gewalt. Dreissig Monate hindurch erlitt dieses Land furchtbare Tage. Ein Ausbruch des Terrors richtete in den beiden gegnerischen Lagern Verheerungen an. Man weiss nicht, wie viele Priester umgekommen sind; die einen sagen, mehr als siebentausend, andere sprechen von vielleicht mehr als zehntausend.

In Frankreich schliesslich — um den kurzen Überblick zu beenden — hatten die Legislativwahlen seit Mai des gleichen Jahres die Macht an die Volksfront abgetreten.

Eine «bestimmte» Zeitung war voller Fotos über Umzüge, revolutionäre Reden und Streikankündigungen. An dieser allgemeinen Verwirrung beteiligten sich auch die Christen, da sie nicht recht wussten, was sie mehr fürchten sollten: den Nationalsozialismus und Faschismus oder den Kommunismus.

Auf alle Fälle stieg in der Drôme in den Jahren von 1932 bis 1936 der Prozentsatz der Kommunisten von 5 % auf 19 %. Aber diese Entwicklung war im Norden des Départements noch beachtlicher, vor allem in St. Uze und in St. Vallier, wo ein Arzt, Dr. Luc, Präsident der Liga für Menschenrechte, im Anschluss an eine Reise in die UdSSR in die Kommunistische Partei eintrat. Kurz gesagt: um in dieser Epoche daran zu glauben, dass die Kirche einem Frühling entgegengehe, bedurfte es schon einer besonderen Portion von Glauben.

Châteauneuf richtet ein Exerzitienhaus ein

Dennoch begannen im Juli 1936 zur Zeit der Volksfront in Châteauneuf-de-Galaure die Arbeiten zur Fertigstellung der kirchlichen Schule bzw. ihre Einrichtung für geistliche Einkehrtage. Die Landbevölkerung machte sich an die Arbeit. Es wurden vor allem kleine Einzelzellen für die zukünftigen Exerzitien-Teilnehmer eingerichtet. Wohl ist die Einrichtung einfach, doch hat jeder ein Bett, eine Waschschüssel, einen Krug und einen Eimer zur Verfügung. Die Mitglieder der Pfarrgemeinde richteten auch eine Kapelle ein und liehen von der Kirche einige geflochtene Betstühle aus.

Am 7. September, dem Tag, den Martha im voraus bestimmt hatte, begannen die ersten Exerzitien in Châteauneuf unter der Leitung von Abbé Finet. Unter

110

den dreiunddreissig Personen, die aus allen Himmels-
richtungen zusammenkamen, ohne dass man weiss,
wie sie Kenntnis davon bekommen haben, befand
sich eine Lehrkraft vom Roten Kreuz, Mademoiselle
Hélène Fagot, welche die Direktorin der Elementar-
schule werden sollte, und eine Professorin der Philosophie, Mademoiselle Marie-Ange Dumas, die spätere Direktorin der höheren Schule. Es ist auch noch Madame Gorse zu nennen.

Trotz der einfachen Einrichtung verliefen die Exer-
zitien sehr gut und wurden ein wahres Pfingsten. Am
Abend des 8. September begleitete Abbé Finet Abbé
Faure, der Martha die heilige Kommunion brachte.
Beim Betreten des Zimmers geschah etwas Unvorher-
gesehenes. In dem Augenblick, als sich der Pfarrer
von Châteauneuf anschickte, die Beichte seines
«Pfarrkindes» zu hören, wandte sich diese an Abbé
Finet, der sich zum ersten Mal von ihr nicht «Herr
Abbé», sondern «Père, mon Père» nennen hörte. An
diesem Tage erhielt Abbé Finet die «Vaterschaft»
über die Foyers. Von da an sollte der «Père», wie man
ihn von nun an in Châteauneuf nennen wird, Martha
selbst die heilige Kommunion reichen. Am nächsten
Tag fährt Abbé Finet wieder zur Plaine hinauf. Er
bringt in seinem Wagen Mademoiselle Fagot und Mademoiselle Dumas mit. Die Unterhaltung mit Martha
dauert mehr als zwei Stunden. Am Abend dieses be-
merkenswerten Tages, so berichtet eine Sondernummer der «Alouette» vom Jahre 1970, «fühlten sich der
‹Père› und seine beiden ersten geistlichen Töchter im
selben Gebet vereint»:

Ein neues «Zönakel», ein neuer Abendmahlssaal
bereitet sich vor: das erste Foyer de Charité entsteht,
das heisst: nicht nur ein Haus für geistliche Exerzitien, sondern eine Gemeinschaft nach dem Vorbild
der ersten christlichen Gemeinde in Jerusalem, wo

die Jünger, die ein Herz und eine Seele waren, alle ihre Güter zusammentaten. Fünfundvierzig Jahre nach dieser Entstehung, d.h. als 1981 dieses Buches erschien, zählt man über die fünf Kontinente verbreitet, neunundfünfzig Foyers de Charité. Weitere Foyers sind in Planung.

Der Böse schlägt zu

Jener, den das Evangelium den «Bösen» nennt, musste die Gefahr vorausahnen. So kam es denn, dass alle Teilnehmer dieser ersten Exerzitien in Châteauneuf in der Nacht vom Samstag auf den Sonntag aus dem Schlaf geschreckt wurden. In der Küche gerieten die Kochtöpfe in Bewegung und klapperten laut. Ein Angriff des Dämons? Auf jeden Fall gab der Bischof von Valence, Msgr. Pic, der von diesem aussergewöhnlichen Ereignis benachrichtigt wurde, die Anordnung, über das Haus den Exorzismus zu beten.

Nach diesen Ereignissen, die uns an die Begebenheiten um den heiligen Pfarrer von Ars erinnern, endeten diese ersten fünftägigen Exerzitien am 13. September ohne weitere ausserordentliche Vorkommnisse. An diesem Tag verabschiedeten sich, wie uns die Sondernummer der «Alouette» von 1970 berichtet, Marie-Ange Dumas und Hélène Fagot von Martha. Diese begann, die ersten vertraulichen Mitteilungen über die Pläne Gottes an ihre Seelen weiterzugeben. Als sie nämlich am frühen Nachmittag Châteauneuf verliessen, blickten sie, gerade bevor sie in den Zug einstiegen, zum Hügel zurück, auf dem das Schloss liegt. «Es wäre merkwürdig, wenn wir alle beide dort unterrichten würden!» Hinter scheuer Überlegung verbarg sich heimliche Anziehung. Einige Tage nach ihrer Rückkehr nach Lyon suchte die eine wie die andere nacheinander Père Finet in der Direktion der kirchlichen Schulen auf. «Ich glaube, ich muss nach Châteauneuf gehen», war das, was im wesentlichen beide sagten. Das bedeutete, dass sie beide nur einige Tage nach dem Schulbeginn 1936/37 ihren Posten als Lehrerin aufgaben.

Am 30. September fanden sich Marie-Ange Dumas und Hélène Fagot beide in Châteauneuf wieder. Mademoiselle Deleuze wies ihnen ihren Platz an: Hélène wurde Direktorin und eröffnete eine Ergänzungsklasse mit der Möglichkeit, sich auf die Abschlussprüfung vorzubereiten. Père Finet, der noch in Lyon wohnt und wie zwischen zwei Stühlen sitzt, lässt sie aber nicht im Stich. Er besucht sie ziemlich regelmässig in Châteauneuf.

Er kommt zu den zweiten Exerzitien wieder, die vom 26. Dezember 1936 bis 1. Januar 1937 stattfinden. Auch dies waren wieder sehr schöne Einkehrtage, sogar mit einer Erwachsenen-Taufe am Schluss und dem Besuch von Bischof Pic, der mit Begeisterung erklärte: «Ich bringe Ihnen den Segen der Kirche.»

Nachdem die Teilnehmer die Nacht vom 31. Dezember zum 1. Januar in Anbetung verbracht hatten, wie es in Châteauneuf Tradition geworden ist, begaben sie sich zur Ruhe. Père Finet hatte sich auf sein Bett gelegt, als er um 6.45 Uhr zu Boden geschleudert wurde. Die Erde bebte. Die seinerzeitige Grenobler Tageszeitung «Le Petit Dauphinois» berichtet am 2. Januar 1937, dass man in St. Sorlin und in Châteauneuf-de-Galaure einen kleinen seismologischen Stoss gespürt habe. Am nächsten Tag berichtet die Lokalpresse ausführlich, dass das Erdbeben in St. Donat und in Romans gleichermassen spürbar war, dass es aber keinen Schaden gab. Eigenartig. Die Drôme hat stärkere seismologische Stösse in Tricastin erlebt (23. Januar 1773, 8. August 1773 und 12. Mai 1934) und vor allem in Vercors, besonders am 25. April 1962.

Was ist also in der Nacht vom 31. Dezember 1936 zum 1. Januar 1937 geschehen? Sollte sich das Erdbebenzentrum wie durch Zufall zwischen Châteauneuf und St. Sorlin verlagert haben? Ist dem Teufel Schuld zu geben? Wenn die Menschen Erdbeben verursachen können mit den furchtbaren E.L.F.-Wellen (Extremely Low Frequency) — warum soll Luzifer es nicht können?

Auf jeden Fall scheint dies Marthas Interpretation gewesen zu sein: «Der Dämon wollte das Foyer zerstören», sagte sie zu Père Finet. Zweifellos schien der «von Liebe überfliessende Becher» in den Augen Satans zu voll....

XIII. «Im Herzen Jesu ertränke ich die Sünde»

Von nun an wechseln die Einkehrtage mit dem Schuljahr ab. Sie finden zu Weihnachten und zu Ostern statt und fünf weitere während der Sommerferien.

Père Finet predigt, Martha betet und opfert, und der Dämon regt sich auf — so könnte man diesen ganzen Zeitraum von 1937—1981 zusammenfassen.

Der Dämon, der 1928 Martha zwei Zähne ausgeschlagen hatte und der später voller Bosheit das Heft zerriss, in welches von den Teilnehmern Gedichte und Gebete eingetragen wurden, brachte die Fensterläden des Zimmers zum Klappern und warf das Kopfkissen auf die Erde — so berichtete Pfarrer Perrier Mademoiselle Faure, einer ehemaligen Volksschullehrerin von St. Uze. Da der Himmel mit Martha ist, wütet die Hölle gegen sie. Père Finet bestätigt den Bericht des Pfarrers von St. Uze mit den Worten: «Wenn ich Leute höre, die sagen: ‹O, wissen Sie, ich glaube nicht an Dämonen›, dann denke ich nur einfach still für mich: Wenn ich sie nur einen Abend zu Beginn der Nacht in das Zimmer von Martha mitnehmen könnte, und wenn ich sie bäte, mit mir eine halbe Stunde im Gebet bei Martha zu bleiben: sie würden entsetzt aus dem Zimmer fliehen!»

Das lyrische Gebet vom 4. Juni 1937

Aber die Angriffe des Bösen Feindes konnten den Eifer Marthas nicht lähmen — ganz im Gegenteil. Nie mehr seit 1925, so scheint mir, fand ihre Liebe so mächtigen Ausdruck wie am 4. Juni 1937. An diesem

Freitag feierte die Kirche das Herz-Jesu-Fest. Martha verfasste ein Gebet, das man als priesterlich bezeichnen kann, denn in lyrischer Form, als Glied des priesterlichen Gottesvolkes, opfert sie dem Vater im Himmel nicht mehr ihre eigenen Leiden, sondern die Wunden Christi auf. Sie betet:

Ewiger Vater, durch die heiligen Herzen Jesu und Mariens und durch Deinen Heiligen Geist der Liebe opfere ich Dir auf die heiligen Wunden meines Heilandes Jesus, sein kostbares Blut, sein anbetungswürdiges Antlitz, sein priesterliches und eucharistisches Herz, im Verein mit Maria, besonders für die Ordensleute und für Deine Priester. Ich opfere Dir auf Jesus, die ewige Weisheit und das Höchste Gut.

Nachdem sie dem Vater im Himmel die geweihten Seelen und die Priester anempfohlen hat, zählt Martha ihre Anliegen auf, in einem Stil, der das kleine ungelehrte Bauernmädchen an die Seite eines Bossuet stellt, dessen «Meditationen über das Evangelium» und dessen «Leichenreden» allgemein bekannt sind.

Bei ihren Anliegen zählt Martha weder die Schule noch die Gemeinde, auch nicht das Foyer de Charité auf, denn wie wir bereits bemerkten, ist sie ein besonderes Genie darin, ohne Unterlass an die ganze Welt zu denken. Lassen wir uns mitreissen vom Atem dieses glühenden und allumfassenden Gebetes:

In die unergründlichen Tiefen der Barmherzigkeit, der Vergebung und der Liebe des Herzens Jesus ertränke ich die Härte, den Hass und die Gottlosigkeit.
In sein erlösendes, heiligendes und göttliches Blut versenke ich die Seelen, die schuldig, undankbar und blind sind.

Ich berge die ängstlichen, scheuen und vertrauenslosen Seelen in seine heiligen Wunden.

Ich tauche die kalten, verhärteten und rebellischen Herzen tief in den unendlichen Ozean seiner zärtlichen Liebe.

Ich trage die Priester, alle Priester, in jene Wohnungen, die ihnen allein vorbehalten sind.

Ich versenke die ganze Welt in sein Herz, das von Liebe für alle brennt.

In diese reinigende, friedenbringende und heiligende Glut werfe ich schliesslich, o mein Vater im Himmel, alle Deine Geschöpfe, die für Erneuerung, Vollendung und Liebe empfänglich sind, alle Verirrten, alle Unentschiedenen, alle Untreuen, alle armen Sünder, und ich flehe Dich an, sie aufzunehmen und zu behüten, sie umzuwandeln und alle von Deiner unendlichen Liebe verzehren zu lassen.

O ewige Gerechtigkeit der höchsten Heiligkeit und Unendlichkeit meines Gottes, schaue hin auf Jesus. Lasse Dich zufriedenstellen durch seine überreichen Verdienste, die er so sehr in mich hat legen wollen. Mögen sie unendlich wiedergutmachen und Dich entschädigen für den Ruhm, den Dir Luzifer und seine ganze stolze Legion und nach ihm alle schuldigen und verhärteten Seelen vorenthalten haben. O unaussprechliche und unfassbare Liebe, o äusserstes und unendliches Erbarmen, komm in die Seelen hinein durch die allmächtige Flamme seines göttlichen Herzens...

Empfange in Ewigkeit... ohne jede Unterbrechung und Verzögerung Deinen Jesus Christus, die ewige Unendlichkeit, in welcher ich ohne Unterlass zutiefst mein Nichts versenke unter der Führung des Heiligen Geistes, mit Maria, meiner Mutter, für die vollkommenste Vollendung aller Deiner Pläne der Liebe in der Kirche und in der Welt.

Das Geheimnis von Marthas Kraft

Wie hätte der Vater im Himmel dem Herzen Marthas widerstehen können? Dieses verankerte sich wahrlich im Herzen Christi. Martha tritt nicht in den Vordergrund. Sie opfert das Opfer Christi auf, denn nur durch dieses Opfer allein ist uns das Heil zuteil geworden. Martha vereint und erläutert das 1. bis 3. Kapitel des Briefes an die Epheser, worin der heilige Paulus sagt, dass Gott Jesus Christus zu seiner Rechten sitzen lässt (1,17) und uns in ihm den Platz im Himmel angewiesen hat (Eph 5—9).

Wenn uns also Gott in Christus mit jeglicher Art geistlicher Segnungen überhäuft hat (1,3), ist es unnütz, sich zu ängstigen. Nur staunen können wir!

Alles ist erkauft. Wir sind nicht durch unsere Werke gerettet, sondern durch den Glauben an Christus. Es geht nicht darum, uns auf unseren Lorbeeren — unseren Gebeten und unseren Opfern — auszuruhen, sondern wir sollen in Christus ruhen, in ihm hören, betrachten, opfern. Wir sollen zur Rechten des Vaters sitzen, weil Christus uns diesen Platz durch sein Kreuz und seine Auferstehung erworben hat. Unsere Kraft der Fürsprache kommt durch das Kreuzesopfer.

Eine protestantischer Pastor sagte einmal, das christliche Leben beginne nicht damit, dass wir etwas für Gott tun, sondern in der Entdeckung dessen, was er für uns getan hat. Nichts ist wahrer als das! So beruht auch das Geheimnis der Macht des Gebetes von Martha darauf, dass sie sich nur auf die Verdienste Christi stützt. Sicher muss man sich auch selbst aufmachen und handeln. Aber wir können bei den Menschen nur etwas tun, weil wir in Christus im Himmel Platz haben. Ein Autofahrer kommt nicht vorwärts, wenn er sich nicht zuerst hinsetzt. Ähnlich heisst es im Evangelium (Lk 14,28): «Wenn einer von euch einen Turm bauen will, setzt er sich nicht zuvor hin und berechnet die Kosten?»

Martha Robin, in Christus im Himmel ruhend, die sich nur auf ihn stützt, in ihm ihr Fundament hat, hat von dem Herrn der Herrlichkeit eine Macht der Ausstrahlung erhalten, die das Foyer mehr und mehr zum Gedeihen bringen wird.

Schon genügt es nicht mehr, dass Père Finet nur für einige Einkehrtage im Jahr nach Châteauneuf zum Predigen kommt. Er spürt, dass er mehr tun muss. In der Fastenzeit 1939 hält er jeden Sonntagabend einen Vortrag für Männer, denn bis jetzt waren die Einkehrtage nur für Frauen und Mädchen gewesen. Zweiundvierzig Männer nehmen an dem ersten Vortrag über Christentum und Kommunismus teil. Die Zahl nahm von Sonntag zu Sonntag zu. Am Palmsonntag konnte man dreihundertfünfzig Teilnehmer zählen. Die meisten waren nicht besonders christlich, manchmal sogar sehr weit vom Glauben entfernt.

Im Jahre 1940 verliert Martha ihr Augenlicht

Das Gebet von Martha Robin bringt seine Frucht. Sie betet ohne Unterlass. Sie opfert. Aber was konnte sie dem Herrn noch anbieten, was sie ihm nicht schon gegeben hätte. Sie konnte weder essen noch trinken noch schlafen noch sich bewegen.

Gewiss, sie hatte noch ihre Augen, die zwar geschwächt waren von den blutigen Tränen und schon seit Jahren lichtempfindlich waren. Aber sie erlaubten ihr doch, die Menschen zu sehen oder ein Bild von der Gottesmutter zu betrachten.

Jetzt, zu Beginn des Zweiten Weltkrieges, wollte Martha das Opfer ihrer Augen bringen, nachdem sie zuvor von Père Finet die Erlaubnis dazu erbeten hatte. Die Aufopferung ihrer Augen wurde sofort erhört: Martha wurde blind.

Abbé Colon, ein früherer Arzt in Châteauneuf, jetzt Priester und Mitglied des Foyer de Charité, erklärt: «Die Pupillen Marthas waren so sensibel, dass der geringste Lichtstrahl eine Ohnmacht verursachen konnte.»

So bestätigt auch Madame Simone Gaillard: «Ich habe sie aufschreien hören vor Schmerz, als ich eines Tages aus Versehen die Lampe umwarf, wobei ein Lichtstrahl auf ihre Augen fiel. Diese Lampe war hinter Marthas Kopf durch einen blauen Samtvorhang verborgen.» Madame Gaillard fährt fort: «Martha hat mir auch anvertraut, dass ein Strahl der Morgensonne durch einen schlecht geschlossenen Fensterladen ihr mehrere Tage lang Augen- und Kopfweh bereitet hat.»

Tod von Madame Robin

Martha verlor ihr Augenlicht im Jahre 1940, und im selben Jahr wurde sie auch der fürsorglichen Pflege ihrer Mutter beraubt. Madame Robin wurde ernstlich krank. Sie wurde nach Lyon gebracht, wo sie sich einer Darmoperation durch Dr. Ricard unterziehen sollte. Von ihrem Zimmerchen aus verfolgte Martha ihre liebe Mutter bis in alle Einzelheiten der Krankheit und der Operation, und sie verlangte sogar, man solle das Fenster des Zimmers, worin ihre Mutter sich befand, öffnen, denn «es ist dort zu heiss», sagte sie. Aber trotz der guten Pflege wurde Madame Robin nicht wieder gesund, und man brachte sie am Freitag, den 22. November 1940, im Krankenwagen nach Hause zurück. In diesem Augenblick befand Martha sich im Passionsleiden.

Als sie aus ihrer Ekstase erwachte, lehnte die Krankenschwester, die die sterbende Madame Robin auf den Armen trug, deren Kopf sanft an die Wange Marthas, bevor sie die Kranke ins Bett legte, das neben dem Diwan stand. Père Finet spendete die Krankensalbung. Einige Minuten später starb sie.

Hélène Fagot, Marie-Ange Dumas, Schwester Lautru und Henri Robin umgaben die sterbliche Hülle von Madame Robin und wurden mit dem Pfarrer Zeugen einer aussergewöhnlichen Begebenheit. Martha, die man vorsichtig auf den kleinen Diwan zurückgelegt hatte, kam wieder zu Bewusstsein und begann mit der Seele ihrer Mutter zu sprechen, bevor diese den Leib für immer verliess.

Die Anwesenden hörten nur die Worte Marthas, die zu der Seele ihrer Mutter sagte: «Gehe nun ein in die ewigen Wohnungen.» Die blinde und gelähmte Martha hatte niemanden ausser ihrem Bruder Henri und wurde daher von nun an vom Foyer de Charité betreut.

Père Finet liess Martha in ein anderes Zimmer legen, damit sie sich in der Stille ausruhen könne. Im Jahre 1942 liess er ein kleines Zimmer in einem Anbau an der Rückseite des Hauses für Martha einrichten. Zwei Mitglieder des Foyer wohnten dort, die für Martha sorgten und die Besucher empfingen.

Zulassung der Männer zu den Einkehrtagen

In ihrem neuen Zimmer führt Martha ihre Gebets- und Opfer-Mission weiter. Es dürfte seit Gründonnerstag 1939 sein, dass sie den Herrn besonders für die Priester bedrängt. «Verwende mich ohne Unterlass, um sie unsichtbar zu stützen. Mögen sie Hunger und Durst haben, um bei Dir zu sein. Wie sehr fehlt ihnen dieser Hunger!» Auch die Priester sollten dringend Einkehrtage in Châteauneuf halten, und nicht nur sie, sondern auch die Männer. Wie sollte man es anfangen? Père Finet hatte schon Vorträge für Männer für Sonntagabends angesetzt. Aber es war dennoch nicht möglich, gemischte Einkehrtage zu halten — zu jener Zeit tat man so etwas nicht.

Père Finet, der in Chabarran eingezogen worden war, zog es nach dem Zusammenbruch Juni 1940 vor, sich in Châteauneuf niederzulassen. Sein Erzbischof, Kardinal Gerlier, stimmte zu, jedoch unter der Bedingung, dass er sich zwei Tage in der Woche in Lyon aufhalte.

An Ort und Stelle konnte der «Père» viel leichter arbeiten, umso mehr, als Martha ihn soeben gebeten hatte, ein Foyer neben der Schule zu bauen, da hier die Räumlichkeiten offenbar nicht mehr genügten, um dem Zustrom der Exerzitienteilnehmer zu entsprechen. Man musste zu oft viele Leute aus Platzmangel abweisen.

Ein Foyer zu bauen, in einer Zeit, da Baugenehmigungen schwer zu erhalten waren, wo es an Material fehlte, war in der Tat schon ein Risiko.

In den Augen von Kardinal Gerlier schien es ein «verrückter Plan». Und für die Bewohner an der Galaure war es ein abgekartetes Spiel im Einvernehmen mit der derzeitigen politischen Verwaltung. So wuchsen denn die Mauern des Foyer Ende 1940/Anfang 1941 in einer missbilligenden Atmosphäre, die ziemlich allgemein war. An Schwierigkeiten fehlte es nicht, doch dessen ungeachtet nahm die Zahl der Teilnehmer ständig zu.

Eines Tages bittet ein Priester aus Mâconnais, Abbé Robert, auch an den Exerzitien bei Père Finet teilnehmen zu dürfen.

«Es ist aber doch nur für Frauen und Mädchen», wurde ihm geantwortet.

Er liess nicht ab.

«Gut, dann fragen Sie bei Bischof Pic an.»

Abbé Robert ging zum Bischof von Valence, und dieser sagte ihm: «Sie werden sich im Hintergrund halten müssen.»

Diese erste Anwesenheit eines Mannes bei den Exerzitien war der Auftakt dafür, dass auch später Priester, Ehemänner, Väter und Söhne teilnehmen durften.

So begannen am 8. September 1941 die ersten «gemischten» Exerzitien. Es war eine Neuheit, ja sogar eine Revolution. Nicht weit von Châteauneuf hatte ein Exerzitienmeister Bedenken und hielt diese «gemischten Veranstaltungen» für ein Werk des Teufels.

Vierzig Jahre später lächelt man und fragt sich, was daran so skandalös sein könnte, wenn Männer und Frauen, Junge und Alte, Verheiratete und Unverheiratete, Priester und Ordensfrauen zusammenkommen und beten.

Der Krieg wütete. Die Widerstandskämpfer sahen das Foyer nicht gern und bereiteten Unannehmlichkeiten. Das Foyer aber zeigte sich entgegenkommend und eröffnete im Jahre 1943 ein Lazarett für Verwundete.

Etwas später, am 14. Juli 1944, stürzte ein deutsches Flugzeug in der Nähe des Foyer ab. Deutsche Panzer kamen, um die beiden Besatzungsmitglieder, die mit dem Fallschirm abgesprungen waren und von den Partisanen gefangen worden waren, zu suchen. Sie fanden sie nicht. Wütend zogen sie nach Châteauneuf hinunter und töteten blindlings mehrere Personen und verkündeten, dass am Sonntag, 16. Juli, um 10 Uhr, der Ort niedergebrannt würde.

Während dieser Zeit betete man im Foyer und auf dem Hof auf der Plaine mit Inbrunst.

Am Morgen des 16. Juli kommt um 9.30 Uhr aus der Kommandatur ein Gegenbefehl, der die Niederbrennung von Châteauneuf ausdrücklich widerruft.

«Im Herzen Jesu ertränke ich die Sünde, den Hass, die Gottlosigkeit», sagte Martha.

XIV. Offizielle Anerkennung des Foyer durch die Bischöfe

Zweifellos hat sich Père Faure im Jahre 1924, nachdem er mit seinen Mitbrüdern des Erzbistums über Martha Robin gesprochen hatte, dem damaligen Bischof von Valence, Msgr. Paget, anvertraut. In seiner Weisheit bat ihn der Bischof, vorsichtig und klug vorzugehen. Später hielt auch sein Nachfolger, Msgr. Pic, mit seinen Ermutigungen für das Foyer de Charité nicht zurück und besuchte Martha häufig. Aber diese augenscheinliche Sympathie stellt noch keine offizielle Anerkennung dar. Diese folgte nach und nach.

Einige Umstände gaben den Anstoss dazu. Als Antwort auf böswillige Berichte über Martha und das Foyer veröffentlichte Bischof Pic am 7. August 1943 eine «Richtigstellung» in der Zeitschrift «Semaine Religieuse de Valence», die alles andere als eine «Warnung» war. Wir lesen dort vielmehr:

«In den elf Jahren, in denen unsere Aufmerksamkeit als Bischof auf die Person und das Verhalten von Mademoiselle Martha Robin gelenkt wurde, haben wir es uns zur Pflicht gemacht, nichts über sie zu veröffentlichen und sie in keinem unserer Hirtenschreiben zu erwähnen. Diese Zurückhaltung ist von Klugheit diktiert und entspricht den Vorschriften der Kirche, und sie stimmt gänzlich mit den unablässig geäusserten Wünschen dieser Seele überein, die jede ungeziemende Neugier von ihrer Person fernhalten will und die in ihrem Leiden einzig und allein für das Wohl der Seelen, die sich an sie wenden, da sein will.

Schriften verschiedenen Wortlautes und unterschiedlicher Herkunft, ohne Namen eines Verfassers noch der Druckerei und ohne Imprimatur, das immerhin für derartige Veröffentlichungen erforderlich wäre, haben ihren Namen in die Öffentlichkeit gezerrt, wobei sie den tatsächlichen Gegebenheiten zahlreiche Einzelheiten beifügten, die der Phantasie entsprungen sind und zuweilen auf sehr indiskrete Weise die angesehensten Theologen, Bischöfe und sogar Kardinäle hineinzogen.

Wir bitten unsere Priester und Diözesanen, sich in dem vorliegenden Falle von jener Zurückhaltung leiten zu lassen, die notwendigerweise streng zu beobachten ist, wenn man keine Kontroversen aufkommen lassen will, wo die Unzuständigkeit freies Spiel hat und die damit enden würde, das in Misskredit zu bringen, was im Leben der Seelen und der Kirche selbst am ehrwürdigsten ist.»

«Tochter der Kirche»

Dieses offizielle Schreiben sieht wie eine Verteidigung von Martha Robin aus. Siebzehn Jahre später zitiert ein Redakteur der «Semaine Religieuse», wobei es sich wahrscheinlich um den Generalvikar, Msgr. Soulas, handelt, diese Notiz und gibt dazu folgenden Kommentar: «Bischof Pic wollte sie vor indiskreter Neugierde schützen, indem er unterstrich, dass es sein Wunsch an sie war, in der Verborgenheit ein Leben des Gebetes und des Leidens zu verbringen.»

«Tochter der Kirche» — mit allem, was dieser Titel an Stolz, Verehrung und Liebe in sich birgt, weiss Martha Robin zweifellos, dass diese Zurückhaltung nur von Dankbarkeit und Ehrfurcht diktiert ist.[17]

Es ist selbstverständlich, dass die Diskretion der Kirche kein Misstrauen bedeutet.

Die offizielle Einweihung des neuen Foyer de Charité ist der erste Beweis für dieses Vertrauen. Die neu errichteten Gebäude wurden im November 1947 in Betrieb genommen, und die Einweihung durch Bischof Pic fand an einem bedeutsamen Datum, am Pfingstmontag, den 17. Mai 1948, statt.

Die Presse meldete einen beachtlichen Zustrom von Priestern und Gläubigen, die aus der ganzen Umgebung und den verschiedensten Gegenden Frankreichs gekommen waren. Bischof Pic weihte die monumentale Statue «Unsere Liebe Frau vom Foyer», die den Eingang beherrscht. Dieses Werk stammt von dem Bildhauer Hartmann aus Allex (Drôme), der es aus einem 15 Tonnen schweren Steinblock aus Euville gehauen hat.

Bischof Pic nahm dieses Ereignis zum Anlass, den getreuen Abbé Faure, Pfarrer von Châteauneuf-de-Galaure, zum Ehren-Kanonikus zu ernennen, und am 12. Juli 1948, während seiner Installation in der Kathedrale von Valence, überhäufte er ihn mit Lob.

Seitdem ist das Foyer wirklich anerkannt, und da die Einkehrtage nicht mehr in Abstimmung mit den Unterrichtsstunden stattfinden müssen, sondern das ganze Jahr hindurch abgehalten werden können, vervielfacht sich ihre Zahl.

Aber Martha will ganz und gar nicht, dass es dabei bleibt. Eine Missionarin ihrem Herzen nach, auf der Linie der heiligen Theresia vom Kinde Jesus, erinnert sie Père Finet ohne Unterlass, dass überall Foyers gegründet werden müssen. Die erste Gründung nach Châteauneuf sollte in Léchère-les-Bains in Savoyen sein, die zweite in La Gavotte in der Nähe von Marseille.

Bischof Pic hat eine Intuition

Bischof Pic, den man in Châteauneuf gern den «ersten Bischof der Foyer» nennt, übernahm die Aufgabe, beim Episkopat und in Rom ihr Fürsprecher zu sein. Er war es, der die Pläne zur Vergrösserung der Foyer überarbeiten liess. Er erkannte, dass die Grösse der Kapelle innerhalb des Foyer für die Zukunft nicht ausreichen würde. Tatsächlich musste eines Tages das Heiligtum «Heilige Maria, Mutter Gottes» erbaut werden, denn die Kapelle konnte keine 300 Exerzitien-Teilnehmer oder gar mehr aufnehmen.

Bischof Pic sagte: «Man sieht nie gross genug, so wie man sich selbst nie klein genug sieht.»

Am 8. Juli 1948 feiert Père Finet sein 25jähriges Priesterjubiläum. Der Bischof von Valence ist zugegen, aber den Vorsitz führt an diesem Tage Msgr. Llobet, der Erzbischof von Avignon. Es ist ein Zeichen des Interesses der Bischöfe für Châteauneuf.

Als Msgr. Urtasun im November 1951 Nachfolger des verstorbenen Bischof Pic wurde, zeigte er als sehr vorsichtiger Mann, der er war, sich zunächst etwas reserviert. Nach seinem ersten Besuch in Châteauneuf sagte er in seiner gewohnten Unmittelbarkeit zu den Seminaristen von Valence: «Ich habe Martha Robin besucht. Es ist recht dunkel in ihrem Zimmer! Ich werde diese Angelegenheit noch genauer im Auge behalten müssen!» Glücklicher Skeptizismus − der seine spätere Zustimmung nur noch wertvoller machen wird.

Die Zahl der Teilnehmer an den Exerzitien, Priester und Laien, nahm immer mehr zu, und das hatte zur Folge, dass ausländische Bischöfe nicht nur Gutes über Châteauneuf sagten, sondern dass sie auch eigene Foyers de Charité haben wollten.

Zum Beispiel kommt eines Tages ein Erzbischof zu Père Finet. Er fragt zunächst, ob er nicht auch Exerzitien machen könne, stösst dann aber plötzlich weiter vor und sagt: «Ich möchte auch ein Foyer de Charité in meiner Diözese haben!» Im Laufe der Exerzitien zögert er nicht, Père Finet zu erklären: «Ich habe den

Priester gefunden, den ich für mein Foyer de Charité brauche – es ist jener, der rechts von mir sass.»

«Wie? Der Père Pagnoux? Aber er ist meine rechte Hand!»

«Er wird es sehr gut bei mir machen!»

Auf diese Weise wurde das Foyer von Dakar gegründet, denn der betreffende Erzbischof war Msgr. Thiandoum, der spätere erste Kardinal von Senegal.

Kardinal Gerlier am 25. Jahrestag der Gründung des Foyer

Vor diesem afrikanischen Kardinal war ein anderer Kardinal nach Châteauneuf gekommen, der Erzbischof von Père Finet, Msgr. Gerlier. Er wollte am 11. Februar 1961 bei dem 25. Jahrestag der Gründung des Foyer persönlich den Vorsitz übernehmen. Er war umgeben von einem ganzen Gefolge von Bischöfen, darunter der neue Bischof von Valence, Msgr. Vignancour, ein grosser Freund des Foyer, und Msgr. Urtasun, der Erzbischof von Avignon geworden war. Dieser ruft vor dem Kardinal-Primas von Frankreich in Erinnerung, wie schon im Jahre 1934 Abbé Léon Faure, Pfarrer von Châteauneuf, im Gehorsam gegen den Bischof und zur Erfüllung des Willens Gottes, der von einem seiner tugendhaftesten Pfarrkinder, das Einsicht in überiridische Pläne hatte und abgetötet lebt, übermittelt wurde, gegen alle menschliche Klugheit eine kleine Mädchenschule eröffnete. Diese Schule war «das Senfkorn, aus dem der grosse Baum des Foyer wurde». Die Anspielung auf Martha war deutlich. Solange sie noch lebte, war es schwierig, mehr zu sagen. Der frühere Bischof von Valence, der anfangs in dieser Hinsicht etwas ängstlich gewesen war, bestätigte somit feierlich Marthas Mission.

Im Verlauf dieses denkwürdigen Jubiläums dankte Père Finet Kardinal Gerlier dafür, dass er «nach Msgr. Pic und Msgr. Bornet (Weihbischof von Lyon, mit Sitz in St. Etienne), mit Msgr. Urtasun und Msgr. Vignancour an diesem Tag den offiziellen Segen der Kirche überbrachte».

Die verborgene Rolle Marthas

Père Callerand (Foyer von Besançon) und Mademoiselle Marie-Ange Dumas, Direktorin der höheren Schule von Châteauneuf, sprachen ihrerseits «von der verborgenen, jedoch erstrangigen Rolle derjenigen, deren fortwährendes Brandopfer die Gaben Gottes auf die Foyers herabzieht». Man kann erraten, wie bewegt die Zuhörer über diese geheime, jedoch so grosse und starke Huldigung an jene waren, die während dieser Zeit gekrümmt auf dem kleinen Diwan in einem dunklen Zimmer auf der Plaine lag.

Es blieb Msgr. Gerlier, dem früheren Bischof von Lourdes, der Erzbischof von Lyon geworden war, nichts anderes übrig, als sich über die wunderbare Wirkung der Gnade Gottes im Herzen einer kleinen Bäuerin zu freuen, die in ihrer Bescheidenheit Bernadette Soubirous glich, und er fügte hinzu, dass das Gebet und das Leiden Marthas Legionen von Seelen «aller Rassen und aller Sprachen» durch Maria zu Jesus führe.

Mit diesen Worten berichtete die katholische Wochenschrift für die Drôme «Peuple Libre» die Huldigung des Kardinals von Lyon für Martha und ihr Werk.

So haben also die Bischöfe der Region ihre deutliche Billigung für eine Einrichtung gezeigt, die in ihrem 25jährigen Bestehen mehr als 25 000 Exerzitien-Teilnehmer aufgenommen hatte.

Am 11. Februar 1961 lässt eine erste Bilanz erse-
hen, dass bereits sieben Foyers de Charité gegründet
worden waren. (Eine Übersicht am Ende des Buches
führt alle Orte auf, wo inzwischen Foyers de Charité
bestehen).

XV. Martha, ihre Familie und Jugendfreundinnen

Aus der Zeit zwischen 1961 und 1981 gibt es nicht viel von Martha zu berichten. Diese letzten zwei Jahrzehnte ihres Lebens waren weniger von markanten Ereignissen geprägt als die früheren Jahre mit der Jungfrauenweihe, der Lähmung und der Stigmatisation. Es ist vielmehr ein Leben stiller Zurückgezogenheit, erfüllt von Gebet und Aufopferung ihrer Leiden und mit dem Erleben der Passion Christi von jedem Donnerstagabend bis Sonntag oder Montag. Der Tageslauf der Kranken, die zusammengekrümmt auf ihrem Diwan liegt, ist so gleichbleibend, ja monoton, dass es nichts Neues davon zu erzählen gibt. Wir können aber aus diesem letzten Lebensabschnitt genaue und bedeutsame Erinnerungen von Familienangehörigen und von Jugendfreundinnen berichten.

Im Grunde verfügte Martha, vor allem, als sich ihr Leben dem Ende näherte, nur über drei Tage der Woche, um Besuche zu empfangen; der ganze Rest der Woche gehörte dem Herrn. Der Dienstag war der Tag, an dem sie sich zum Teil ihren Familienangehörigen und den Freunden widmen konnte.

Madame Serve, Marthas ältere Schwester Célina aus St. Sorlin, besuchte sie trotz ihres hohen Alters bis November 1980 regelmässig. Sie berichtet: «Jedesmal, wenn ich oder mein Sohn und meine Schwiegertochter sie besuchten, erkundigte sie sich nach allen und vergass niemanden.»

Das scheint ganz natürlich. Martha liebte ihre Verwandten sehr. Ihre Familie war ihre Freude und ihre Entspannung, und es ist wohl anzunehmen, dass sie ihr diese Zuneigung getreu erwidert hat. Ein paar Erinnerungen sollen hier herausgenommen werden.

Alle liebten sie sehr. Alice, eine Nichte von Martha, die Tochter ihrer Lieblingsschwester, sagte uns: «Wir besuchten sie, weil wir sie liebten. Man konnte mit ihr über alles reden. Dabei war sie durchaus nicht eine, die sich wichtig machte.

«Sprach sie mit Ihnen über ihre Stigmen?»

«Nein, davon sagte sie nie ein Wort.»

Madame Marcelle Danthony, eine andere Nichte, von der hier schon mehrfach die Rede war, sagte uns unter Tränen: «Tante Martha tut mir so leid. Ich bin nur sieben Jahre jünger als sie. Für mich war sie keine Tante, für mich war sie eine Freundin, eine Schwester! Die Arme, wie schwer hat sie leiden müssen. Meine Grossmutter tat wirklich alles für sie, was sie konnte. Aber das war keine gewöhnliche Krankheit...»

Wenn die Verwandten sich verabschiedeten, sagte sie meistens zu ihnen: «Bis bald!» oder «Nächsten Dienstag kommt ihr zum Essen!» Sie wusste genau, was es zu essen geben würde. Sie führte ihren Haushalt gut. In früheren Jahren hatte sie gern gekocht. Wir haben noch einige Zettel mit Rezepten, die sie aufgeschrieben hat.

Als die Verwandten mir ihre Erinnerungen über die Einladungen zum Essen mitteilten, fragte ich: «Aber sie nahm doch nicht an den Mahlzeiten teil?» − «Sie konnte nicht. Sie war völlig bewegungsunfähig. Zudem war es ihr unmöglich zu schlucken.»

Ich fragte einen Neffen, Monsieur Serve: «Sicher hat man Sie nach Marthas Tod und auch schon zu ihren Lebzeiten oft gefragt, ob es wahr ist, dass sie nie etwas gegessen hat. So etwas ist schwer zu verstehen. Was haben Sie darauf geantwortet?»

«Ich sage das, was ich weiss. Ich sah sie nie in ihrem Zimmer essen. Zu den Leuten sage ich: ‹Wenn Sie nicht wollen, brauchen sie es nicht zu glauben. Es lässt sich nicht erklären. Das ist alles.›»

Monsieur Gaillard, ein anderer Neffe, bezeugte im Beisein seiner Frau und seines Sohnes:

«Sie war sehr zartfühlend. Sie verletzte andere nie, darauf legte sie grossen Wert. Oft sagte sie über Verunglimpfungen und Verleumdungen, die man ihr zutrug: ‹Es tut mir leid, dass jemand so etwas gesagt hat! Man muss es vergessen!›»

Im gleichen Sinne berichtet die fünfzehnjährige Isabelle Chancrin, eine Grossnichte: «Manchmal sagte sie: ‹Das ist nicht gut!› Aber ich habe nie gehört, dass sie über andere Böses gesagt hätte.»

Isabellas Mutter erzählte über die Besuche, die sie mit der Familie bei Tante Martha gemacht hat: «Als Kind brachte ich ihr oft einen Strauss Feldblumen mit – sie liebte Blumen sehr –, oder Zeichnungen, und anscheinend wollte ich ihr unbedingt ein Paar Pantoffeln schenken, damit Tante Martha aufstehen könnte. Sie mochte kleine Kinder besonders gern, und nur sie in ihrer Unschuld durften zu ihr ins Bett klettern und so nahe bei ihr liegen, dass sie sie an ihrer Wange fühlte, weil deren Haut so weich ist. – Meine am weitesten zurückliegenden Erinnerungen sind einige Ferientage auf der Plaine, als ich ungefähr sechs Jahre alt war. Mein Geburtstag, der im Juli auf Marthas Namenstag fällt, war der Anlass zu einer schönen Kindereinladung. Bei Familienfesten (Taufen, Erstkommunion, Hochzeiten) machte uns der Herr Pfarrer die Ehre und Freude, Tante Martha am Familientisch zu vertreten. Mehrmals im Jahr, vor unserer Hochzeit und vor dem Tod der Grossmutter, kam die ganze Familie auf der Plaine mit dem Herrn Pfarrer zum Festessen zusammen. Er führte den Vorsitz bei den köstlichen Mahlzeiten, die Henriette und Therese, die sehr an Martha hingen, liebevoll nach ihren Hinweisen bereitet hatten.

Die Familie wurde grösser. So wurde viele Jahre lang jedes Kind mit seiner eigenen Familie eingeladen, und wir unterhielten uns voller Freude und Zärtlichkeit über unsere Besuche bei Tante Martha. Sie sprach mit uns über die Kirche, den Pfarrer, die Mitglieder des Foyer und über alle Foyers, über die Kinder, die Schulen, die Teilnehmer an den Exerzitien. Nie sprach sie von sich selbst, und wir hätten es auch nie gewagt, ihr auch nur eine Frage über sich selbst zu stellen. Es wäre uns geradezu ungeziemend vorgekommen, sie zu fragen ‹Wie geht es Dir?›, selbst wenn wir sie husten hörten.

Sie interessierte sich für die Familien im Dorf und in der Umgebung und bat den Papa, als die Eltern sie das letztemal besuchten, ihr jeden Bewohner aus den Häusern im Dorf zu nennen. Sie liess sie alle im Geiste an sich vorbeiziehen.

Zu Ende eines jeden Besuches sprachen wir ein schlichtes Gebet: ‹Vater Unser›, ‹Gegrüsset seist Du, Maria›, ‹Ehre sei dem Vater› und einige Gebete zu Heiligen. Zum Abschied umarmten wir uns. Sie machte uns nie irgendwelche Vorhaltungen oder Glaubensvorschriften. Sie wusste, wie es bei uns damit stand, aber verhielt sich zurückhaltend und respektierte unsere Freiheit. Sie betete und litt für uns, denn sie liebte uns viel mehr als wir sie. Wir wussten es, aber richtig deutlich zum Bewusstsein kam es uns nicht.

Für meinen Mann, meine Tochter und mich war der letzte Besuch bei ihr nach Weihnachten 1980. ‹Guten Tag! Guten Tag! kommt her zu mir!› begrüsste uns Tante Martha. Wir umarmten sie und konnten ihr gute Nachrichten von der Familie geben. Dann berichtete uns Tante Martha mit einer Stimme voller Schmerz und Trauer über den kürzlichen Tod einer Person, die ihr ans Herz gelegt worden war, und von der unheilbaren Krankheit eines jungen Mädchens aus der Umgebung.

Mit Verständnis für seine beruflichen Sorgen und seine Aufgabe als Lehrer dringt sie in Maurice, meinen Mann, ein, dass er ihr die sozialpädagogisch-psychologische Abhandlung mitbringt und vorliest, die er im vergangenen Jahr abgeschlossen hat. Das war unser letzter Besuch. Am schlimmsten ist für uns jetzt, dass wir Martha nicht mehr unsere Freuden und Leiden anvertrauen können, doch wir wissen, dass sie bei uns ist, viel näher und wirksamer als sonst. Lobet den Herrn, denn er ist gut, und seine Liebe währet ewiglich!»

XVI. Martha und die allerseligste Jungfrau Maria

Pfarrer Joseph Petit, der früher als Geistlicher in Saint-Martin d'Août, einer Nachbargemeinde von Châteauneuf-de-Galaure wirkte, erzählte, wie er eines Tages zusammen mit Pater Garrigou-Lagrange Martha Robin besuchte. Dieser Dominikaner, der als Professor am Angelicum in Rom wirkte und ein international bekannter Thomist war (auch Papst Johannes-Paul II. hat bei ihm studiert), zeigte hinsichtlich dieser Stigmatisierten einige Skepsis. Auf dem Rückweg von seinem Besuch bei ihr benahm sich dieser Wissenschaftler jedoch fast wie irre: Er führte laute Selbstgespräche und sagte: «Wenn du doch selbst auch so schön von der seligsten Jungfrau Maria sprechen könntest!» Später, kurz vor seinem Tode, konnte man von ihm vernehmen: «Was bin ich schon neben diesem einfachen Mädchen!»[18]

Man erinnert sich auch noch, wie Père Finet am Nachmittag des 10. Februar 1936 Martha aufsuchte und sie mit ihm eine Stunde lang von ihrer «lieben Mama» im Himmel sprach.

Diese beiden Berichte lassen uns ahnen, welch enge Bande Martha mit jener verbanden, die sie gern die «Mittlerin aller Gnaden» nannte. Martha meinte, dies sei der vorzüglichste Titel der Gottesmutter.

Martha erklärt die Stellung Mariens im Heilsplane Gottes

Eines Tages wird sicherlich alles veröffentlicht werden, was Martha über «die neue Eva», «die Arche Noah» gesagt oder diktiert hat, die für die Menschheit mit «Ja» auf die Verkündigung antwortete. Für Martha war dies das grösste Ereignis der Geschichte.

«Die Dreieinigkeit wartet auf die jungfräuliche Antwort aus dem Munde ihrer Vielgeliebten, um den Atem des ewigen Lebens in sie herabkommen zu lassen», sagte sie.

Das Evangelium, was übersetzt «die gute Nachricht» heisst, beginnt mit dem Gruss des Engels an Maria. Mit Maria freut Martha sich über dieses Ereignis, indem sie morgens, mittags und abends den «Engel des Herrn» betet. Das Foyer de Charité hält getreu an diesem Brauch fest.

So ist Marthas marianische Gesinnung nicht ein Gewebe aus schöngeistigen Anhängseln, sondern stützt sich auf eine solide Theologie. Gott hätte Maria nicht gebraucht, um den Menschen seinen Sohn zu schenken; aber er hat gewollt, dass er eine Mutter habe, damit er ganz und gar die menschlichen Bedingungen teile. «Die unbefleckte Jungfrau Maria ist also nur auf der Erde, um Gott seinen Sohn zu gebären», sagte Martha.

Aus diesem Grunde nimmt Maria einen einzigartigen Platz in Gottes Ratschluss ein. «Der Vater im Himmel hat uns so sehr geliebt, dass er seinen eingeborenen Sohn für uns dahingab, und dass er ihn uns durch Maria gab, um uns in ihr eine Mutter, eine Mittlerin bei ihm, zu schenken.»

Von dieser Theologie lebt Martha kindlichen Herzens. Wenn ihre Hände wegen ihrer gelähmten Arme nicht fähig sind, den Rosenkranz zu halten, spricht ihr Mund den ganzen Tag hindurch: «Gegrüsset seist du, Maria.» Es war für Martha eine Freude, ihre Besucher einzuladen, mit ihr zusammen den Gruss des Engels zu beten.

Was Martha von der allerseligsten Jungfrau Maria erwartet, drückt sie in einem Gebet aus, das sie an einem Allerheiligentag verfasst hat.

Vielgeliebte Mutter, Dir sind die Wege der Heilig-
keit und der Liebe so sehr vertraut. Lehre uns, unse-
ren Geist und unser Herz oft zur heiligen Dreifaltigkeit
zu erheben. Und da Du uns auf dem Weg zum ewigen
Leben begleitest, wende Dich nicht von den schwa-
chen Pilgern, die Deine Güte so gern aufnehmen will.
Wende Deinen barmherzigen Blick uns zu, nimm uns
in Deine Klarheit auf, führe uns immer weiter nach
oben in die Herrlichkeit des Himmels, damit nichts
den Frieden in uns stören möge noch uns die Gedan-
ken von Gott abwenden lasse. Jeder Augenblick un-
seres Lebens möge uns tiefer eindringen lassen in das
erhabene Geheimnis, bis zu dem Tag, da unsere See-
le, gänzlich erhellt durch die Klarheit der göttlichen
Einheit, alle Dinge zu schauen vermag in ewiger Liebe
und in der Einheit mit ihnen. Amen.

In diesem Gebet begegnet uns wieder jener Anflug
von Lyrik, den wir bei Martha schon angetroffen haben; doch leidet unter dem Stil nicht die Exaktkeit der
theologischen Aussage. In den Texten von Martha,
die wir kennengelernt haben, ist dies die Herrlichkeit
Mariens: uns ihren Sohn zu schenken.

Die Aussage von Madame Célina Serve, Marthas äl-
terer Schwester, ist nicht vergessen: «Ich erinnere
mich, dass mir meine Mutter immer sagte, Martha erscheine die Muttergottes.» Dieses Zeugnis wäre
wertlos, wenn es nur dieses eine gäbe. Wir haben
aber noch viele andere. Père Betton, der 1934 in
St. Rambert-d'Albon Pfarrer geworden war, sprach
mit Martha über diese Erscheinungen. Sie schilderte
die Gottesmutter mit den Worten: «Es ist vor allem ihr
Lächeln, das ich sehe!»

Eine Frau aus der Pfarrgemeinde St. Rambert, welche die Äusserungen Père Bettons berichtet, sagt:
«Ich habe hinsichtlich der Zweifel und Kritiken, die

über Martha geäussert wurden, zu Père Betton gesagt, ich hoffe, dass dort nicht der Teufel mitspiele, worauf er mir antwortete: «Darauf können Sie sich verlassen.»[19)]

Père Finet sagt gern den Exerzitien-Teilnehmern, die zur Plaine hinaufkommen: «Sie befinden sich hier auf marianischem Boden.»

Ein paar Fioretti

Es liesse sich ein bunter Strauss von Fioretti über die Heilungen zusammentragen, die Martha Robin von der Gottesmutter erwirkte. Hier nur zwei Fälle aus Châteauneuf.

Der erste Fall: «Es war im Jahre 1946. Mein kleiner Gilbert hatte einen Abszess an einer gefährlichen Stelle. Kurze Zeit danach schwoll sein Arm an und wurde gelähmt. Ich ging zu Dr. Rey, der kurz zuvor seine Praxis in Châteauneuf eröffnet hatte. Er sagte zu mir: ‹Ich kann ihn nicht behandeln; ich verreise für einige Zeit.› Daraufhin ging ich zum Arzt in St. Sorlin, aber der schickte mich lieber zu seinem Kollegen nach Beaurepaire. Sie waren sich jedoch beide weder in der Diagnose noch über die Behandlung einig. Wir sprachen mit Martha darüber. Sie sagte: ‹Gehen Sie ins Krankenhaus nach Lyon!› Dort war kein Bett frei… Aber ein Assistenzarzt des Krankenhauses (der spätere Abbé Colon des Foyer) schrieb uns eine Überweisung ins Krankenhaus von Debrousse. Bei der Ankunft dort sagte man mir: ‹Es war höchste Zeit. Es ist ein Knochenabszess. Wir müssen ihm vielleicht den Arm amputieren…› Wieder sprachen wir mit Martha darüber, und sie rief erregt! ‹O, das wird uns die Muttergottes nicht antun. Wenn sie ihn heilen will, braucht man ihm nicht den Arm abzunehmen.› Und tatsächlich brauchte man Gilbert den Arm nicht abzunehmen.»

Martha sagte oft: «Man muss alles, was menschenmöglich ist, tun, und ich werde beten...»

Bei dem zweiten Fall handelt es sich um eine Heilung, die 1960 erfolgte. Hier der Bericht der Eltern des kleinen Mädchens, das geheilt wurde.[20]

«Martha hat in unserem Leben immer eine grosse Rolle gespielt, schon als wir verlobt waren und später als Eltern. Sie hat an unseren Freuden und Leiden teilgenommen, und bei jedem Ereignis in unserem Leben sind wir zu ihr gegangen und haben mit ihr darüber gesprochen. 1960 kamen bei uns Drillinge an, die zu früh geboren wurden. Das erste Mädchen ist bald gestorben, und das kleinste von den dreien, das nur 1 kg bei der Geburt wog, fing irgendwie im Brutkasten eine Lungenentzündung auf. Diese schon bei einem gesunden Säugling gefährliche Krankheit ist bei einem so schwächlichen kleinen Geschöpf ein völlig aussichtsloser Fall. Auf unsere dringende Bitte lösten sich bei den Wachen am Brutkasten unseres Kindes, das von einer Ohnmacht in die andere fiel − mal wurde es ganz blaurot, dann, wenn es etwas Milch aus der Flasche erhalten hatte, weiss wie ein Leintuch −, der Arzt von Valence ab mit der Schwester, die sich aus ganzem Herzen an unserem Kampf gegen den Tod beteiligte durch ihre Hilfe, aber vor allem durch ihr Gebet. Alle aber, auch die Hebammen und die Krankenschwestern, sagten: ‹Es wird sterben!› Und wir beteten, von Martha und von der Gemeinde unterstützt, beteten ohne Unterlass im Vertrauen auf Maria und den Herrn.

Als ich eines Tages in die Kathedrale von Valence ging, um zu beten, suchte ich einen Priester in der Sakristei auf, um von ihm Heilwasser aus Lourdes zu erbitten. Er hat an jenem Abend für das Mädchen die

Messe gelesen — es war, glaube ich, am Herz-Jesu-Fest —, und ich habe das Wasser in einem Fläschchen auf den Brutkasten gestellt, zur grossen Verwunderung des Arztes, eines Protestanten, der es abkochen lassen wollte. Die Schwester gab ein paar Tropfen davon in das Trinkfläschchen — wenn unsere Kleine trinken könnte.

Der Arzt glaubte nicht, dass sie durchkommen würde, und bei seinem täglichen Gang in die Säuglingsstation fragte er immer ‹Ist sie noch da? Ich kann sie ja nicht einmal abhören. Wenn man sie auf den Rücken drehte, würde sie einem unter den Händen sterben›. Als sie dann gesund war, bin ich dem Arzt auf dem Korridor in der Klinik begegnet und habe mich bei ihm bedankt, dass er sich so sehr um meine Tochter gekümmert hat. Er antwortete mir: ‹Ach, wissen Sie, gekümmert hab ich mich wohl um sie, aber nicht ich bin es, der sie gesund gemacht hat.›

Als wir Martha das erzählten, und noch während wir ihr unseren Dank aussprachen, sagte sie leise: ‹Das ist die Mutter Gottes gewesen!›»

XVII. «Mein Gott, warum hast Du mich verlassen?»

Wenn Martha in ihren letzten Lebensjahren durch zahlreiche Marienerscheinungen begnadet wurde, so wohl deshalb, weil sie solchen Trostes ganz besonders bedurfte. Der Böse Feind vervielfachte seine Angriffe gegen sie, schlug sie grausam und versuchte ihr einzuflüstern, ihre Krankheit sei sinnlos, ja noch schlimmer: sie selbst sei ein Hindernis dafür, dass das Reich Gottes komme.

Am 1. November 1980 wurden die Schmerzen ihrer Rückgratverkrümmung unerträglich. In den letzten Wochen des Jahres 1980 musste Martha dann immer stärker husten. Sie vermochte kaum noch zu sprechen oder Besucher zu empfangen. Mit Mühe konnte sie nur zuhören, wenn ihr Briefe vorgelesen wurden, und die Teilnahme an den täglichen Gebeten wurde immer mühseliger für sie.[21]

Am Montag, 2. Februar 1981, am Tag Mariae Lichtmess, sagte Martha zu Père Finet: «Der Teufel hat mir gesagt, er werde bis aufs letzte gehen.»

Am Mittwochabend, 4. Februar, bereitete sich Martha wie jede Woche auf den Empfang der heiligen Kommunion vor. Die an diesem Abend besonders zahlreichen Anwesenden sprachen Gebete, die sie besonders liebte: Die Lauretanische Litanei; die Weihe des heiligen Ludwig-Maria Grignion de Montfort; Gebete zum heiligen Josef; Fürbitten; den Rosenkranz; ein Gebet von Papst Pius XII., das Gebet des Engels von Fatima, und noch weitere Fürbitten. Martha empfing den Leib des Herrn und geriet dann, wie jeden Mittwoch, in Ekstase.

Dass aber der Teufel «bis aufs letzte» gehen würde, liess Père Finet den ganzen Donnerstag über keine Ruhe. Den ganzen Abend blieb er bei ihr, um ihr mit seinem Gebet beizustehen, wenn die Stunde der Passion und des Todesleidens beginnen würde.

Gegen 10 Uhr abends verliess Père Finet Martha.

Sie verschied an einem Herz-Jesu-Freitag

Am folgenden Tag, dem 6. Februar, ging Père Finet am Spätnachmittag wieder zu ihr hinauf. Er fand Martha neben ihrem Diwan auf dem Boden liegen. Ihre Arme fühlten sich eiskalt an. Sie war starr.

Mit Hilfe der Frau, die gewöhnlich bei Martha wohnte, bettete Père Finet sie wieder auf ihr Lager und liess sie mit mehreren Decken zudecken. Zwei Stunden lang flehte er im Gebet, der Herr möge sie wieder zu sich kommen lassen. Nachdem er sah, dass Martha keinerlei Lebenszeichen mehr von sich gab, rief er gegen 19 Uhr seine Helfer und Helferinnen. Auch sie konnten nur die Tatsache hinnehmen und seinen Schmerz über ihren Tod teilen.

Kurz nach der Ausstellung des Totenscheines durch den Arzt aus Châteauneuf, Dr. Andolfatto, wurde Msgr. Marchand, der Bischof von Valence, telefonisch verständigt. Er eilte herbei, um an ihrem Sterbebett zu beten. Er blickte Père Finet an und sagte: «Wenn das Weizenkorn nicht in die Erde fällt und stirbt, bleibt es allein; wenn es aber stirbt, bringt es viele Frucht...»

Dann kamen die Familienangehörigen und die Mitglieder des Foyer. Martha wurde mit dem weissen Gewand bekleidet, wie sie die Kinder der Schule des Foyer bei der Firmung tragen. Das Bett wurde frisch

Oben: Martha Robin während eines ihrer Freitagsleiden. Auf ihrem Gesicht zeichnen sich die schrecklichen Spuren der Passion von Golgota.
Unten: Martha auf dem Sterbebett.

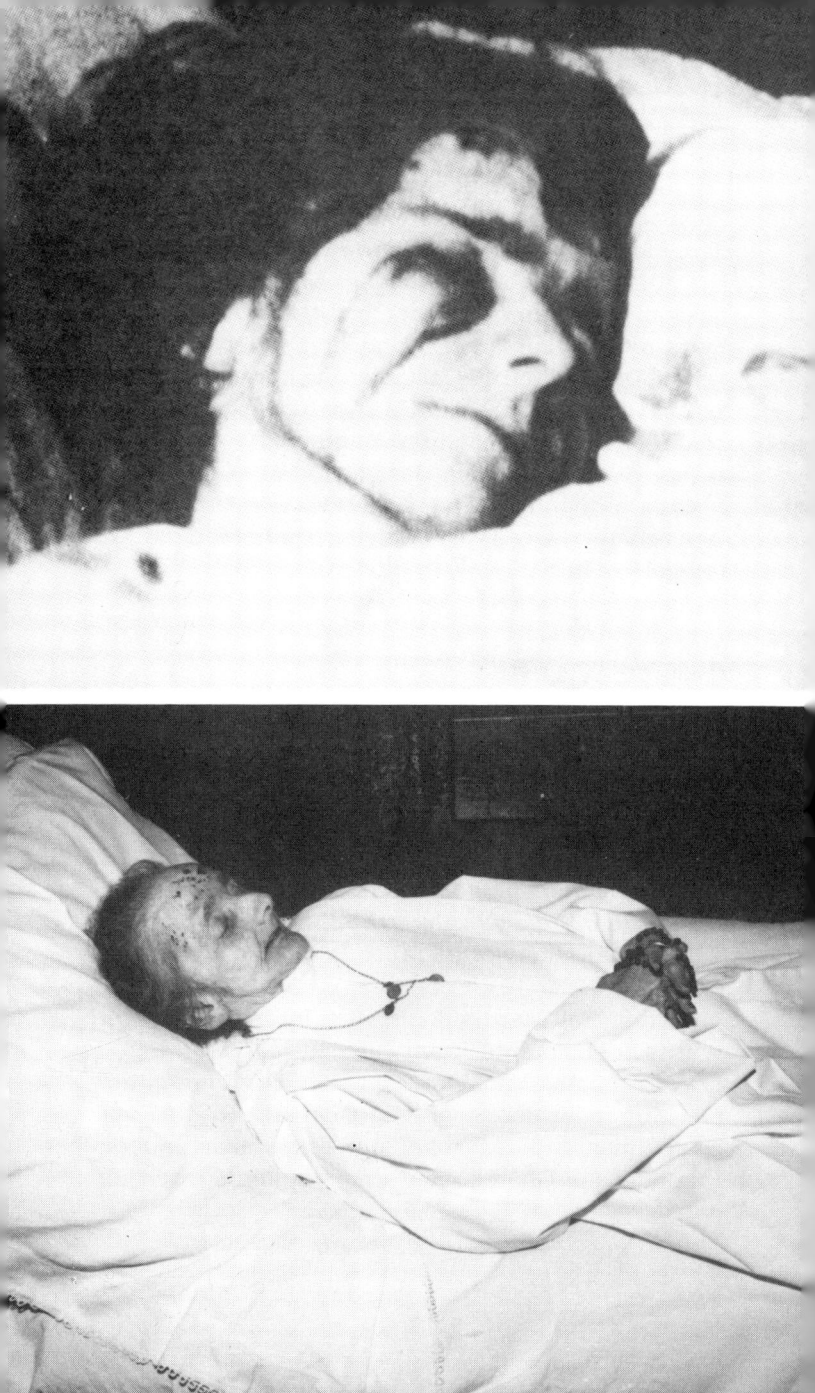

überzogen, was man seit einiger Zeit kaum mehr zu tun gewagt hatte aus Furcht, Martha dabei Schmerzen zu bereiten. Dabei bemerkte man einen grossen Blutfleck an der Stelle, an der die Füsse lagen, und andere Flecken auf dem Tüchlein, das neben ihrem Kopf lag. Aus den Augen war in jener Nacht kein Blut geflossen, aber man konnte auf der Stirn deutlich einige Blutstropfen von den vorausgehenden Nächten sehen. Das stellten alle fest, die zum Beten ins Sterbezimmer gekommen waren. Man gab Martha einen Rosenkranz in die abgezehrten Hände.

Das Gesicht friedlich, fast lächelnd — so konnte Martha nun endlich in der himmlischen Herrlichkeit Den schauen, an dessen Leiden sie jeden Freitag Anteil gehabt hatte.

Abschied von Martha

Am 7. Februar 1981, einem Samstag, verbreitete sich die Nachricht von Marthas Tod wie ein Lauffeuer. Nicht nur in der regionalen und internationalen Presse erschienen Artikel über jene, die man nun «die Stigmatisierte aus der Drôme» nannte, sondern auch die verschiedenen Radio- und Fernsehstationen widmeten dem Ereignis zahlreiche Kurzreportagen. Am 12. Februar reservierte France Inter (das 2. Fernsehprogramm) die 19-Uhr-Sendung «Das Telefon klingelt» dem Fall Martha Robin. Zum Interview gebeten wurde der bekannte Jesuit Pater Russo.

Von Samstag bis Montag kamen die Verwandten, die Mitglieder des Foyer von Châteauneuf und verschiedener anderer Foyers in Frankreich und die Freunde aus Châteauneuf und Umgebung und die

Marthas Sarg in der Kapelle des Foyer. Photo Richard Milan.

tausend Schüler der Foyer-Schulen zur Plaine hinauf, nicht um für Martha zu beten, sondern mit ihr.

Am frühen Nachmittag des Dienstag, 10. Februar, wurde ihr Leichnam eingesargt, und um 15 Uhr, auf den Tag genau 45 Jahre nach dem ersten Besuch von Père Finet auf der Plaine, verliess Martha jenen kleinen Bauernhof, auf dem sie von ihrer Geburt an ihr ganzes Leben lang gebetet, geliebt und gelitten hatte. Beim grossen Foyer angekommen, wurde ihr Sarg dort in der Kapelle aufgestellt. Er sollte bald in einem wahren «Blumengarten» verschwinden. Martha war selbst nie in dieses Haus gekommen, das auf ihre Anregung hin entstanden war.

Mehr als 200 Priester konzelebrierten die Totenmesse

Die Beisetzungsfeierlichkeiten fanden am 12. Februar 1981 im Foyer statt. Bei strahlend blauem Himmel war es kühl, ohne unangenehm kalt zu sein. In der geräumigen Kirche herrschte dichtes Gedränge. Selbst in den Nebengebäuden und auf dem Vorplatz drängte sich eine grosse Menge. Teilnehmer aus Belgien waren mit der Eisenbahn gekommen. Nicht nur von überall her aus der Drôme, sondern auch aus dem äussersten Norden und Süden Frankreichs waren Sonderbusse eingetroffen. Zur Regelung des Verkehrs und der Parkprobleme in Châteauneuf, wo sich noch nie so viele Fahrzeuge auf den Strassen gestaut hatten, war motorisierte Polizei eingesetzt.

Die Messe, bei der sechstausend Kommunionen gespendet wurden, hielt Bischof Marchand von Valen-

Oben: Konzelebration bei der Totenmesse für Martha Robin in der Kirche «Heilige Maria, Mutter Gottes». Photo Studio Milan.
Unten: Zahlreiche Gläubige aus nah und fern füllen die Kirche beim Totenamt für Martha Robin.

ce, in Konzelebration mit mehr als zweihundert Priestern, darunter vier Bischöfe: Erzbischof Vignancour von Bourges, Erzbischof Chabbert von Rabat, Msgr. Thien, der ehemalige Bischof von Vietnam. Kardinal Thiandoum, der verhindert war, liess sich von seinem Generalvikar Abbé Seck vertreten.

Der Trauerzug schritt voran und lieh gleichsam Martha Robin seine Stimme: «Herr, ich bin Dein, und meine Freude ist vollkommen... Dein Kreuz ist mein Reichtum, o Herr, ich bin Dein.» Dann zog der Trauerzug langsam in die Kirche «Heilige Maria, Mutter Gottes» ein. Der Bischof von Valence begrüsste Madame Célina Serve, Marthas Schwester, und die übrigen Angehörigen. Dann wurde innig und schlicht die heilige Messe gefeiert.

Bei der Ansprache erklärte der Bischof von Valence:

«Um den auferstandenen Herrn Jesus Christus versammelt, begleiten wir heute abend Martha Robin. Ihr Erdenleben ist abgelaufen. In der Nachfolge Christi ist sie durch den Tod in das wahre Leben eingegangen. Jeder Tod ist ein Ostern.».

In seiner Auslegung des Bibelwortes «Wenn das Weizenkorn nicht in die Erde fällt und stirbt» fuhr der Bischof fort:

«Martha ist auch dieses Samenkorn, und ihr Opferleben war im Leid vergraben. Doch in ihrer Verborgenheit gab es die Freude des Gebens ebenso wie die Freude der Begegnungen. So wie sie in der Stille das Leiden Christi erlebte, ist sie dieses Weizenkorn gewesen. Die Frucht, die sie trägt, gereicht zur Ehre des Vaters.»

Oben: Das Heiligtum «Heilige Maria, Mutter Gottes» in Châteauneuf.
Unten: Eintreffen des Trauerzuges vor der Kirche. Photo Patrick Gardin.

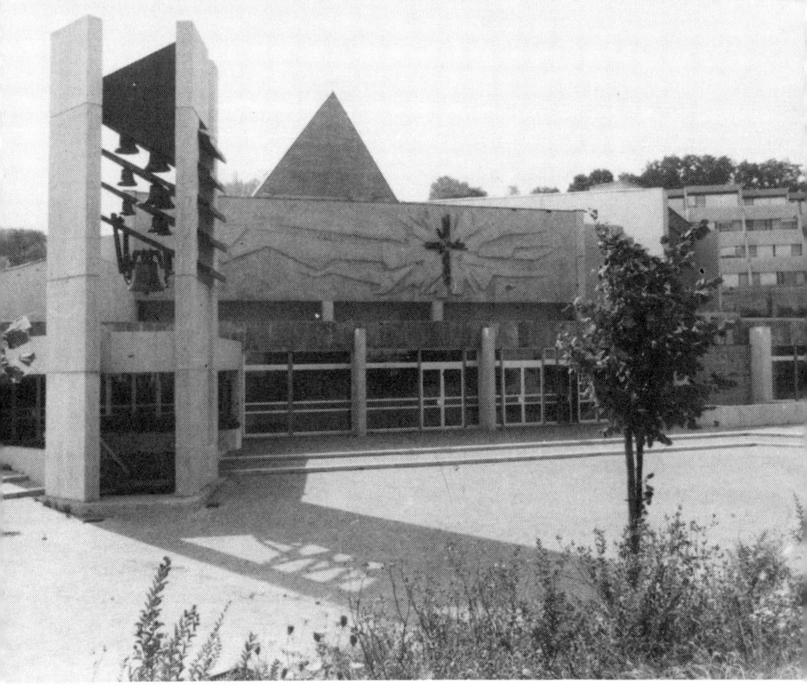

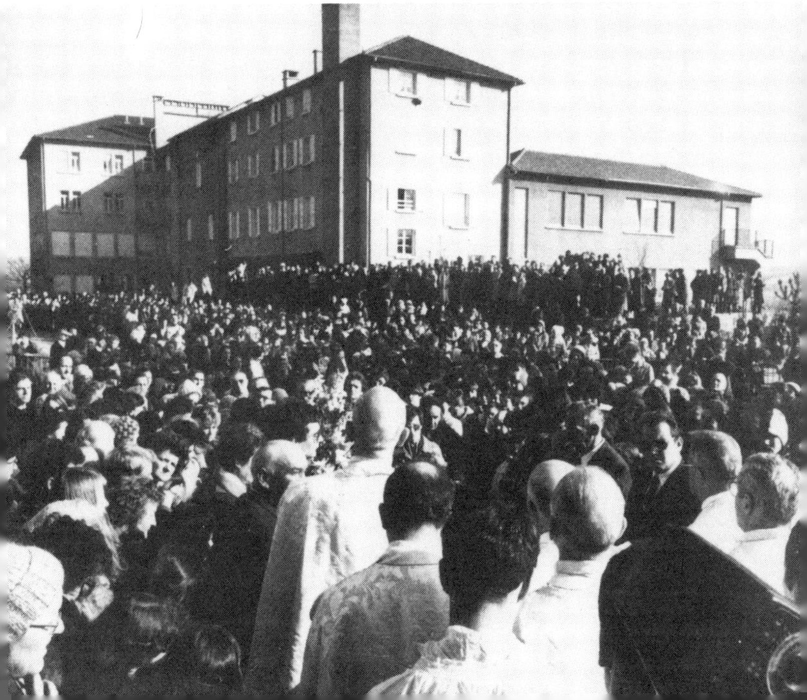

Und er schliesst:

«Jeder muss in der Kirche seinen Platz einnehmen, jeder mit seinen Gaben, seinen Fähigkeiten und seinem Hunger nach Gott. Martha hat ihren Platz eingenommen und hat es gut getan. Wir können Dank sagen, dass sie für die Kirche gelebt und sie geliebt hat: für die Kirche ihrer Diözese wie für die Gesamtkirche. Indem sie ihr Leben Gott weihte und Zeugnis ablegte für die Allmacht Gottes, wollte sie stets eine Tochter der Kirche sein.

Doch sie hat nur ein Leben in bescheidener Zurückgezogenheit gewollt, denn mit ihrem so gesunden Menschenverstand wusste sie genau, dass Glaube und Sensation nicht vereinbar sind. Auch aus diesem Grunde haben wir Hochachtung vor ihrem Leben, wobei wir uns daran erinnern, wie sehr sie dem Herrn anhing... Möge Dich, Martha Robin, Maria, die Mutter Gottes und Mutter der Kirche, zu der Du so oft gebetet hast, zu ihrem auferstandenen Sohn, dem Erlöser der Menschen, geleiten.»

Nach der Ansprache wurden die Fürbitten verlesen von Isabelle Chancrin, Patenkind und Grossnichte von Martha Robin; von Père Pagnoux aus Dakar im Namen der Foyers in Afrika; von Père Bradley aus Boston im Namen der Foyers in Amerika; von Père Quennouelle aus Japan im Namen der Foyers in Asien; von Père Gérarduzzi im Namen der Foyers in Europa und von Père MacCabe im Namen der Foyers auf den Pazifischen Inseln. Zum Offertorium sangen die versammelten Gläubigen nicht ohne Bewegung:

Oben: Msgr. Marchand, Bischof von Valence, begrüsst Madame Serve, die Schwester von Martha Robin. Rechts Msgr. Vignancour, Erzbischof von Bourges. Photo Patrick Gardin.

Unten: Am Tag von Marthas Beerdigung sorgten 20 motorisierte Polizisten und mehr als hundert Verkehrspolizisten für Ordnung und Sicherheit in Châteauneuf und auf den Strassen der Umgebung. Photo Patrick Gardin.

«Nimm an, o Herr, dieses Brot, nimm an dieses Brot! Möge dieses Brot ein Gebet sein! Nimm an, o Herr, dieses Brot, nimm an dieses Brot! Möge dieses Brot Dein Leib werden...

Nimm an, o Herr, mein Leben, möge mein Leben Gebet sein! Nimm an, o Herr, mein Leben. Möge mein Leben Deinem Leben gleich sein! Möge mein Leben Deinem Leben gleich sein!»

Bei dem Memento für die Verstorbenen werden die Namen von Marthas Eltern, ihrer verstorbenen Geschwister und auch die der ehemaligen Pfarrer von Châteauneuf-de-Galaure genannt, soweit sie Martha gekannt haben; schliesslich der von Msgr. Pic, dem Schirmherrn des Foyer.

Zur heiligen Kommunion begaben sich vierzig Priester unter die Menge, um den Leib des Herrn zu spenden, von dem Martha sich während ihres ganzen mystischen Lebens genährt hat.

Die Messe schloss mit dem Gesang des Magnificat und des Salve Regina; dann verliess der Trauerzug die Kirche. Auf dem Vorplatz stellte sich die Menge zu einem Spalier auf und sang das Ave Maria von Lourdes. Drei mit Priestern besetzte Wagen geben darauf Marthas sterblichen Resten das Geleit bis zu dem Familiengrab im zwei Kilometer entfernten Ort St. Bonnet-de-Galaure. Dort wollte sie bei ihren Angehörigen still zur Ruhe gebettet werden.

Doch seit dem 12. Februar 1981 kommen täglich Besucher zu Marthas Grab, das stets mit frischen Blumen geschmückt ist. Sind es Neugierige? Keineswegs. Ich habe an diesem Grab selbst gehört, wie Ordensleute ihre Gelübde erneuerten. Gerade dies ist die Botschaft, die sie von Martha empfangen haben: «Vater, möge der Heilige Geist aus uns eine ewige Opfergabe zu Deiner Verherrlichung machen.»

XVIII. Zeugnisse nach Marthas Tod

In den Jahren zwischen 1936 und 1981 begaben sich Tausende und Abertausende von Exerzitien-Teilnehmern und Tausende anderer zur Plaine, um Martha zu sehen. Wenn sie alle ihre Gespräche mit ihr wiedergäben, könnte man eine ganze Bibliothek mit den Zeugenaussagen füllen. So sind die folgenden Seiten nur ein erster Entwurf für die Bücher, die vielleicht in einigen Jahren darüber geschrieben werden. Doch genügen diese Berichte von Zeugen schon an sich, um die Persönlichkeit Marthas und ihre Ausstrahlung zu beurteilen.

Besuchstage waren mittwochs und donnerstags. Wenn Exerzitien-Teilnehmer im Foyer von Châteauneuf ein Gespräch mit Martha wünschten, trugen sie sich in eine im Foyer für zwei Gruppen aufliegende Liste ein. Die einen gingen mittwochs zur Plaine hinauf, die anderen donnerstags. Manchmal konnten auch Schüler oder andere Besucher zu Martha kommen. Man musste in der Bauernküche, deren Einrichtung noch heute dieselbe ist, warten, bis man an der Reihe war. Dann wurde man in das Zimmer geführt, in dem man eine Gestalt in Weiss in einem winzigen Bett wahrnehmen konnte. Das Gespräch kam ganz einfach zustande.

Die Gabe, in den Herzen zu lesen

Ein ehemaliges Pfarrkind vgl.[1] von Pfarrer Perrier aus St.-Uze berichtet uns:

«Zu Anfang, im Jahre 1930, glaubte ich nicht daran. Ohne Pfarrer Perrier hätte ich sie nie aufgesucht. Man plauderte mit ihr wie mit einer Nachbarin, aber zum Schluss wurde ein Vaterunser und ein Gegrüsset seist Du, Maria, gebetet.

155

Einmal machte ich Exerzitien. Da wusste Martha, dass sich in den Zimmern einige unterhalten hatten, obwohl man es nicht sollte. ‹Was ihr da geschwatzt habt!...›, sagte sie. Da kamen wir uns richtig albern vor! Sie hatte wirklich die Gabe, in den Herzen anderer zu lesen. Zum Beispiel sagte sie einmal zu einer Verwandten von mir: ‹Sie sind töricht. Sie haben dem lieben Gott versprochen, täglich in die Messe zu gehen, aber sie halten Ihr Versprechen nicht!› Das stimmte. Ein anderes Mal sagte sie zu Pfarrer Perrier: ‹Da wartet ein Herr. Sie können ihm sagen, er soll gehen, denn er will, dass ich ihm wahrsage!›

Selten sprach sie von sich selbst. Doch eines Tages sagte sie zu mir: ‹Beten Sie, dass ich stets das kleine lebendige 'Ja' des Herrn sein möge.› Das war ihre Berufung.»

«Ich habe Martha alles erzählt»

Viele von denen, die zu Martha gingen, kamen mit ihren Problemen und ihrem Leid zu ihr. Und es ist nicht das kleinste Paradox, dass diese Frau, die seit fünzig Jahren bewegungsunfähig ans Bett gefesselt war, ohne sich auch nur umdrehen zu können, die blind war und ohne Nahrung lebte, nicht nur nicht klagte und sagte «So geht es mir auch», sondern auch noch eine Quelle des Friedens und der Gelassenheit war.

Zwar weigerte sich Martha, auf derartige Fragen wie etwa «Wird es einen dritten Weltkrieg geben?» zu antworten, denn sie war keine Wahrsagerin. Dagegen verstand sie es, anderen zuzuhören, ihnen Verständnis entgegenzubringen und Anteil an ihrem Leid zu nehmen, besonders bei allen, die Opfer der Einsamkeit waren.

Hier ist die Aussage einer schwergeprüften Frau:

«Nachdem ich eine Viertelstunde gewartet hatte, wurde ich zu ihr hineingeführt. Man durfte vor allem nicht ihr Bett berühren, denn das bereitete ihr schreckliche Schmerzen. Man setzte sich auf einen Hocker am Fussende des Bettes und gab seinen Namen, Vornamen und Wohnort an. Dann war sie es, die das Wort ergriff. Ich erinnere mich, dass ich ihr gesagt habe — es war im August 1961 —, dass meine Schwester einige Jahre vor mir Exerzitien gemacht hatte. Da fragte sie mich: ‹Wie geht es übrigens Ihrer Nichte?› Ich war etwas erstaunt, denn meine Schwester hatte eine Tochter, die in Lyon eine schwere Operation hinter sich hatte. Es erschien mir unglaublich, dass Martha dies wusste, nur weil ich nach mehreren Jahren den Namen meiner Schwester genannt hatte.

Dann habe ich ihr gesagt, dass ich sehr unter Gewissensskrupeln leide, dass ich nicht selten fürchte, ich sei verdammt. Darauf sagte sie mit fester Stimme: ‹Das ist Ihre, nicht Gottes Ansicht!› Damals hatte ich noch nicht so viel Kummer wie heute. Wir beteten ein kurzes Gebet, dann sagte sie zu mir: ‹Bleiben wir tapfer und beten wir füreinander!›

Dann kam ich das zweite Mal, es war drei Monate vor ihrem Tod. Père Finet war bei dem Gespräch dabei, denn Martha Robin war sehr erschöpft. Sie stöhnte ununterbrochen. Der Père sagte mir, ich solle den Grund sagen, weshalb ich komme.

Es ging um die Familie meiner Tochter. Ihr Mann hatte sie und ihre zwei Kinder verlassen. Ich hatte dann alles gesagt, was mir soviele Sorge machte. Da hat mich Martha unterbrochen und mit fester Stimme gefragt: ‹Und ihre kleine Enkelin?› Ich hatte tatsächlich eine Enkelin im Alter von 10 Jahren. Ich weiss nicht, warum sie mir diese Frage stellte; ich fragte jedenfalls zurück 'Wie?' Da erwiderte sie kurz: 'Nichts, erzählen Sie weiter!' Daraufhin erzählte ich ihr, dass es für mich zuviel wäre, dass ich an manchen Tagen Selbstmordabsichten hätte und dass ich glaubte, Gott werde mich deswegen nicht strafen. Darauf antwortete sie mir in strengem Ton: 'Sind Sie dessen so sicher?' Dann habe ich zu Ende erzählt, und Père Finet sagte zu mir: 'Nun gut, Martha hat alles verstanden, und sie wird Sie in ihr Gebet einschliessen und dafür sorgen, dass alles gut wird.' Dann hat er ein Vaterunser vorgebetet, ein Gegrüsset seist Du, Maria, und ein ‹Heiliges Herz Jesu, Dein Reich komme›, und ich habe das Zimmer verlassen. Alle Gebete von Père Finet hat sie mit deutlicher Stimme mitgebetet.»[22]

«Martha schloss uns in ihr Gebet ein»

Es geschah oft, dass Martha, wenn der Besuch zu Ende war, betete — nicht immer, doch dann, wenn sie sich wohl genug fühlte. Manchmal lud sie mitten im Gespräch zum Gebet ein. Das kam dann immer ganz natürlich: «Wollen wir zusammen beten?» Dann schlug sie ein Vaterunser, ein Gegrüsset seist Du, Maria, manchmal auch ein Gesätzchen des Rosenkranzes vor. Wenn ein Paar bei ihr war, bat sie den Herrn: «Wollen Sie anfangen?» Schon die Art, wie sie betete: langsam, leise, mit ernster, fester Stimme, war eine Lehre für jeden.

Wenn man zu ihr kam, spürte man, dass sie sich um einen kümmerte. Sie sagte: «Ich schliesse Sie in mein Gebet ein — wie ein Adler, der Sie zum Himmel trägt.» Wirklich bezeugt eine Frau aus der Drôme: «Sie wandte einem ihr ganzes Herz zu, ohne einen bemuttern zu wollen, mit ergreifender Ehrfurcht. Ihre mystischen Zustände entfremdeten sie nicht gegenüber den kleinen alltäglichen Gegebenheiten. Als ein paar Abiturienten sie besuchten, gab sie ihnen zum

Schluss den Rat: «Vergesst nicht, noch einen guten Kaffee zu trinken!»

Martha und die Armen

In Châteauneuf-de-Galaure ist es am Ende der Exerzitien immer Brauch, einen Korb aufzustellen, in den die Teilnehmer das hineinlegen, worauf sie verzichten wollen: Kleidungsstücke, Bücher, Tabak, eine Tonkassette oder sonst etwas. Man nennt das «Marthas Korb». Dem ist es zu verdanken, dass manche Pakete von 3, 10 oder 20 kg auf der Plaine gepackt und an Arme verschickt wurden, «an meine lieben alten Freunde», wie Martha sagte: an Strafgefangene, in Missionen oder in die Foyers in der Dritten Welt.

Diese Sendungen gingen nie ab, ohne dass Martha, blind und gelähmt wie sie war, ihre Anweisungen dazu gab: «Schickt Medikamente an dieses Foyer in Südamerika» oder «Da noch ein bisschen Platz in dem Karton ist, legt noch ein paar Rosenkränze oder Süssigkeiten hinein.»

Martha erkundigte sich, ob die Verpackung, Schnur und Karton, fest genug sei. Sie riet, die Anschrift auf dem Paket leserlich und mit wasserfester Tinte zu schreiben. Es ging ihr nicht nur darum, das weiterzuleiten, was die Exerzitien-Teilnehmer gespendet hatten. Es bereitete ihr richtig Freude, Inhalt und Empfänger der Pakete zu bestimmen. Sie war mit ganzem Herzen dabei. Da sie in regelmässigem Schriftverkehr mit einer Sozialhelferin stand, die in Gefängnissen arbeitete, interessierte sich Martha für alles, was sich hinter den Gittern abspielte. Jacques Fesch, der zum Tode verurteilt und mit 27 Jahren enthauptet wurde, nachdem er sich noch im Gefängnis zum Glauben bekehrt hatte, verdankte Martha viel. Die letzte Zigarette, die Bontemps, ein anderer zum

Tode Verurteilter, geraucht hat, kam aus einem Paket von Martha. Wenn sie von den Häftlingen sprach, nannte sie sie René, Michel, Jacques, usw. Für die Häftlinge bedeuteten diese Sendungen und Aufmerksamkeiten viel.

Martha — darüber ist man sich nun bereits ein wenig klar geworden — sagte nicht bloss zu allem «Ja-Ja». Sie hörte nicht zu, um dann auf jeden Fall dem zuzustimmen, was man ihr vortrug. Zum Beispiel sagte sie zu einem jungen Mädchen, das wegen seiner kranken Mutter seit fünf Jahren den Eintritt ins Kloster verschob: «Man lässt den Herrn nicht warten!»

Erbarmen mit Behinderten

Eine Trappistin kann Marthas Hilferuf für Behinderte aus dem Jahre 1979 nicht vergessen.

«Martha hatte die helle, brüchige Stimme einer alten Frau, eine starke Stimme. Unser ganz persönlicher Gedankenaustausch dauerte fast eine halbe Stunde. Zweimal klopfte die Pflegerin an die Tür, um anzudeuten, dass die Gesprächszeit zu Ende war. Aber wir unterhielten uns weiter.

Ich möchte vor allem das berichten, was ich für eine Botschaft Marthas halte. Ich sprach mit ihr über einen jungen Schwerbehinderten, einen 25jährigen Gehirn- und Bewegungsgeschädigten, der nicht spricht, völlig unfähig ist sich mitzuteilen, nicht allein essen kann. Ich gab ihr Äusserungen von den Menschen seiner Umgebung wieder, die sich fragten, ob das wirklich noch ein Mensch sei. Da schrie Martha auf, und mit ungewöhnlich starkem Ton sagte sie zu mir: «O, aber das ist doch ‹Er›, der ‹Auserwählte›, der ‹Erlöser›. Sie empfahl mir, für ihn zu beten, weil er es nicht tun könne.»[23]

Sinn für Humor

Es fehlte Martha nicht an Humor. Dadurch, dass sie gesunden Menschen zuhören musste, die ihr, der Gelähmten, ihre Probleme und Sorgen vortrugen, hätte sie bedrückt sein müssen. Aber sie war fröhlich und konnte aus ganzem Herzen lachen. Wenn die Sensationspresse ihr manchmal zur Last wurde und die Art, wie sie die Passion Christi erlitt, kommerziell ausnützte, sie als «Hellseherin» bezeichnete, die «Offenbarungen» ausgesprochen habe, konnte sie darüber lachen. Marcel Clément sprach einmal mit Martha über eine Photographie von ihr, die in einer Zeitung mit hoher Auflage erschienen war. Sie sagte: «Ich weiss, dass sie sie gekauft haben. Nach dem, was mir der Père gesagt hat, kostet so eine nicht einmal einen Groschen! Ich bin viel weniger wert als Jesus!» Damit spielte sie darauf an, dass Jesus für dreissig Silberlinge verraten wurde.

Ein anderes Mal sagte sie zu Jean Guitton, der gerade seine Kandidatur zur Aufnahme in die Académie Française eingereicht hatte: «Ich wäre auch gern ein Mitglied der Académie Française. Nur glaube ich nicht, dass man auf einem Ehrensitz in den Himmel kommt!»[24)]

Die Gabe des guten Rates

Es ist viel geschrieben worden über Marthas Gabe des guten Rates. Das heisst nicht, dass sie klug wie ein Gelehrter von allem sprechen konnte, noch dass sie sich nie getäuscht hätte. Es war vielmehr so, dass sich Martha in ihren Gesprächen mit Gläubigen und Ungläubigen, mit einfachen Leuten wie sie selbst und mit Hochgebildeten aus Kultur, Politik und Religion, zumeist angesichts schwieriger Situationen, um Verständnis bemühte, mit gesundem Menschenverstand reagierte und mit einer ganz am Evangelium ausgerichteten Haltung darauf einging. Eine Frau aus Lyon berichtet dazu:[25]

«Ich habe innerhalb von dreiundreissig Jahren Martha Robin dreimal an ihrem Schmerzenslager besucht. Ihr verdanke ich meine ganze Lebensausrichtung und meine Konversion. Sie war für mich ein sicherer Führer, vom Geiste Gottes erfüllt. Ihre Ratschläge waren voller Weisheit und Weitblick. Ganz einfach und ganz menschlich interessierte sie sich für alles, was man ihr sagte. Dann kam plötzlich der Augenblick, wo man fühlte, dass sie in Gott versunken war und ihm alles anvertraute, was man ihr soeben gesagt hatte. Nie gab es eine Klage; kein einziges Wort über sich selbst. Ich habe nach den drei Besuchen bei Martha ihre Ratschläge peinlich genau befolgt. Jetzt bin ich 63 Jahre alt und kann ihre Weisheit nur rühmen.»

Wirklich konnte sie einem manchmal, mit dem Charisma der Herzenschau begabt, auf dem Grund der Seele lesen oder als eine Frau, die nicht studiert hat, erstaunliche Ratschläge geben. In anderen Fällen konnte es geschehen, dass ein Besucher, ohne dass sie ihm irgendetwas Besonderes gesagt hätte, eine innere Erleuchtung erhielt, während sie sprach. Dann riefen die vernünftigen, vom Geist des Evangeliums erfüllten Worte eine ganz besondere Wirkung bei dem Angesprochenen hervor. Oder es regte sich bei ihm die unmittelbare Bereitschaft, sein Verhalten zu ändern. Das wurde besonders deutlich, wenn das Gespräch in Gegenwart mehrerer Personen erfolgte und das, was der eine berichtete, von den anderen nicht vernommen wurde. Schliesslich konnte auch eine Begegnung, die jemand in gutem Glauben mit dieser Mystikerin suchte, der Anlass für die Gnade sein, dass er sich seiner Sünden bewusst werden durfte.

Noch ist es zu früh, von Bekehrungen bei Einwohnern von Châteauneuf-de-Galaure zu sprechen. Eines Tages wird man Namen nennen können. Hier ist jedoch das Zeugnis einer Frau aus Dijon, die im Foyer de Charité den Glauben wiedergefunden hat:[26)]

«Ich selbst und eine grosse Zahl von Bekannten hatten schon seit Jahren den christlichen Glauben verloren. Nachdem ich an Exerzitien im Foyer von La Roche d'Or bei Besançon und in Châteauneuf-de-Galaure teilgenommen hatte, haben wir die grosse Gnade der Bekehrung empfangen.

Bei mir war es 1975, im Heiligen Jahr, während der heiligen Messe. Das war mein ‹Weg nach Damaskus›, der mein ganzes Lebens verwandelte. Von dem Tag an begriff ich, dass keine Zeit mehr verloren werden durfte, dass von nun an alles getan werden musste, um Gott und den Brüdern zu dienen bei der Errichtung des Gottesreiches der Liebe. Ich begriff, dass Martha Robin durch ihr bewundernswertes Leben, das sie für die Errettung der Welt aufopferte, in ihrer stillen Zurückhaltung, ihrer Bescheidenheit, durch den Wunsch, im Verborgenen zu bleiben, eine grossherzige Dienerin Gottes war. Sie ist bewundernswert in ihrer Meinung, die geringste Magd zu sein — ganz wie die allerseligste Jungfrau Maria... Sie ist für mich und für viele andere jenes Weizenkorn, das es in liebendem Gehorsam auf sich nahm, in die Erde gesät, viele, viele Jahre im Dunkel zu bleiben und dadurch vielen Menschen die Geburt zum wahren Leben zu schenken.

Im August 1980 hatte ich die grosse Freude, Martha Robin besuchen zu dürfen in ihrer kleinen dunklen Kammer. Doch welche Wärme, welches Licht fand man darin. Ich wäre am liebsten stundenlang geblieben, um ihre Ratschläge, ihre Ermutigungen zu empfangen. Ihre frische Stimme, die man mit einer klaren

Quelle vergleichen kann, war voller Heiterkeit, eine Stimme, die voller Liebe war und die die Kraft schenkte, das alltägliche Leben zu bestehen.

In der Messe sagt der Priester: ‹So wie das Wasser sich mit dem Wein vermischt zum Sakrament des Neuen Bundes, so wollen auch wir uns mit der Gottheit dessen verbinden, der für uns Mensch geworden ist.› Genau das tut Martha Robin, diese grossartige Christin, die 'Ja' gesagt hat zu Gott, die alles, gar alles hat geben wollen von ihrem Leben. ‹Wie sich das Wasser mit dem Wein vermischt›, um eins zu werden mit dem Blute Christi... Martha Robin ist die grosse Dienerin der Eucharistie.»

Eine Frau aus Pierrelatte (Drôme), die an Exerzitien in Châteauneuf teilgenommen hat, bezeugt in ähnlichem Sinn:

«Die innere Umwandlung, die man während oder nach den Exerzitien bemerkt, ist keine Zufallserscheinung, und für den, der im Credo bekennt ‹Ich glaube an... die Gemeinschaft der Heiligen›, besteht kein Zweifel, dass die geistige Wiedergeburt derer, die eine Zeit im Foyer de Charité zugebracht haben, mit der unaufhörlichen, völligen Hingabe Martha Robins während der letzten fünzig Jahre zusammenhängt.

Zu dieser geheimnisvollen Teilnahme am Leiden des Herrn muss man mit dem Glaubensblick und voll tiefer Ehrfurcht herantreten. Mitten in einem Jahrhundert, das verführt ist von den Errungenschaften der Wissenschaft, will die mit Christus gekreuzigte Martha uns daran erinnern, dass wir um den hohen Preis des Leidens und des Blutes Christi losgekauft sind.

Die Zukunft wird uns lehren, was wir dieser Heiligen zu verdanken haben, die uns stets im Herzen trägt. Wenn sie uns nur von unserer Gleichgültigkeit gegenüber dem Kreuz bekehren könnte.»[27]

Wunderbare Heilung

Das Ehepaar Octave aus Vaulx-en-Velin (Rhône) schreibt der Fürbitte Marthas eine Heilung zu:

«In unserem schönen Tal der Galaure, woher wir stammen, nennen unsere Familien sie schon lange ‹die Heilige›. Im Heiligen Jahr 1950 haben meine Frau und ich ihr aus Assisi, wo wir als Pilger waren, eine Postkarte geschickt mit dem Dank für die wunderbare Heilung, die wir auf ihre Fürbitte im Juni 1941 erlangt haben.

Im Städtischen Krankenhaus von Lyon bekam meine Frau nach der Geburt unseres Sohnes Alain Kindbettfieber. Schwester Lautru aus Châteauneuf-de-Galaure besuchte sie jeden Tag. Man bereitete mich schonend darauf vor, dass meine Frau verloren sei. Meine Verzweiflung war unvorstellbar. Wir waren erst seit Ende November 1937 verheiratet.

Da die Ärzte machtlos oder zumindest unsicher waren, nahm ich Zuflucht zur Muttergottes vom Heiligen Herzen, der Hoffnung der Verzweifelten. Meine Novene war nicht umsonst. Ich wusste nicht, das Schwester Lautru einige Gegenstände, die Martha berührt hatte, unter das Kopfkissen meiner Frau gesteckt hatte. Später besuchte ich Schwester Lautru in Châteauneuf, und sie bestätigte, diese Heilung sei laut Martha ein Wunder gewesen.

Man braucht nichts hinzuzufügen

Als letzter bei den vielen posthumen Zeugnissen soll ein Provençale zu Wort kommen, der erklärt, was er von Martha Robin hielt, bevor er ihr selbst begegnete.

«Das einzige Mal, dass ich Martha Robin begegnete, war während eines Exerzitienkurses im August 1970. Ich befand mich damals gerade an einem schwierigen Wendepunkt meines Lebens. Ich erwartete mir viel von dem Besuch. Man hatte mir so viel Erstaunliches über diese Bäuerin gesagt...

Wie gross war meine Überraschung, als ich allein in ihr Zimmer trat, in dem sie im Halbdunkeln ständig ans Bett gefesselt lag, eine ganz einfache Frau. Ich hatte damit gerechnet, hellseherische Auskünfte über mein Leben zu erhalten, und sie sprach zu mir über das Wetter und behob mit einem Schlage alle meine Fragen und Ängste. Bald begriff ich, dass Martha eine wirkliche Mystikerin war, eine grosse Mystikerin. Betrüger würden sich eher aufspielen und versuchen, sich hervorzutun. Diese Sicherheit sollte sich bald bestätigen durch eine ganz besondere Gnade, die ich am letzten Tag der Exerzitien erhielt, eine Gnade, die genau im Zusammenhang mit dem Problem stand, das mir Sorge machte.

Es war für mich der Beginn einer tiefen Bekehrung, die mein ganzes Leben verwandelte und deren andauernde Auswirkung ich noch heute, zwölf Jahre danach, erlebe. Das beweist die Kraft des Gebetes dieser unscheinbaren Frau. Weil sie es annahm, ganz dem Herrn ausgeliefert zu sein, hat Gott durch sie, nach dem Vorbild der Muttergottes, zu der sie so viel Vertrauen hatte, grosse Dinge getan.

Wie es Msgr. Marchard unmittelbar nach dem Bekanntwerden ihres Todes in Erinnerung rief, trug sie durch ihr Gebet und ihr Opferleben zum Entstehen und zur Ausbreitung der Foyers de Charité bei. Ihr Tod war ebenso einfach und bescheiden wie ihr Leben. Wir müssen Achtung haben vor dem, was sie war und was sie durchgemacht hat.»[28]

XIX. Heilige oder Scheinheilige?

Am Ende dieser kleinen Lebensbeschreibung fällt es dem Leser sicher leichter, die Frage zu beantworten, die eine Reihe von Journalisten gleich nach Marthas Tod stellten: ist sie wirklich eine Heilige, oder ist sie eine Simulantin? Mit dieser Frage müssen wir uns hier im letzten Kapitel offen auseinandersetzen, wobei nicht vergessen werden darf, dass unsere Überzeugung sich auf menschliche Zeugnisse stützt und dass wir uns ganz und gar dem Urteil der Kirche unterwerfen, das sie eines Tages fällen wird.

Wunder sind kein Kennzeichen für Heiligkeit

Was in Martha Robins Leben in erster Linie auffällt, sind ausserordentliche, jedoch sehr gut bezeugte Phänomene. Jemand aus St. Vallier erzählt zum Beispiel:[29]

«Es gibt Leute, die sagen, niemand habe je die Wundmale bei Martha gesehen. Das ist ganz und gar falsch. Ich erinnere mich daran, das die ganze Prima und die ganze Oberprima Martha besucht haben. Es war am Karfreitag 1946. Sie lag mit geschlossenen Augen in ihrem Bett. Auf ihren Wangen waren blutige geronnene Tränen zu sehen und auch die Male der Dornenkrone. Ich glaube, die Hände lagen übereinander, und man konnte Wundmale darauf sehen. Wir traten eine nach der anderen in das Zimmer ein. Père Finet leuchtete mit einer elektrischen Lampe auf Marthas Gesicht: man konnte meinen, da liege eine Schlafende. Sie können meine Schwester fragen, die ein paar Jahre später dasselbe gesehen hat.»[30]

Es bedeutet keine Schwierigkeit, solche Zeugen-aussagen zusammenzutragen. Viele deuten das Wunder der Stigmatisierung oder der Ekstasen als Zeichen, dass Martha heilig sei. So schnell darf man jedoch nicht urteilen.

Sicher kann ein Wunder göttlicher, aber auch satani-scher Herkunft sein, und nach einiger Zeit kann es vielleicht sogar ganz einfach wissenschaftlich erklärt werden. Ein Muster an antichristlicher Einstellung, Dr. Couchoud, sagte zu Jean Guitton im Hinblick auf Martha: «Als Arzt und Psychiater habe ich ähnliche Fälle kennen gelernt. Dabei handelte es sich um Pa-tienten mit schwachen Blutgefässen, die bei der Be-trachtung des Leidens Christi auf ihrem Körper Blut-spuren hervortreten sehen. Solche gibt es in den Krankenhäusern. Doch bei Martha lag der Fall anders. Durch die Lähmung seit dem zwanzigsten Lebens-jahr[31] war ihre Muskulatur bewegungsunfähig, und sie konnte nicht schlucken. Das ist in meinen Augen aber nicht das Wesentliche, wenngleich noch wissen-schaftlich zu klären wäre, woher das Blut kam, das sie jede Woche vergoss. Das Wesentliche ist, dass sie ei-ne überdurchschnittlich begabte Frau war, ein Art Genie. Ich habe mich nie mit ihr unterhalten, ohne ganz einfach erleuchtet worden zu sein...»[32]

Im gleichen Sinne wie Dr. Couchoud sagte Kardinal Daniélou seinerzeit: «Die ausserordentlichste Persön-lichkeit ist nicht Johannes XXIII. und nicht General de Gaulle: es ist Martha Robin.» Beachten wir, dass hier die Ansicht eines Ungläubigen mit der eines Kirchen-mannes übereinstimmt. Doch wie überragend Martha Robins Verstand auch gewesen sein mag und wie merkwürdig ihre Nahrungslosigkeit war: das bei wei-tem wichtigste war ihre Gotteserfahrung.

«Ganz die Deine sein»

Schon aus den Gebeten und Gedichten Marthas in diesem Buch konnten wir ihre Gottverbundenheit erkennen. Weit davon entfernt, darin einen Heiligenschein für sich zu sehen, sagte sie gern: «Reden wir nicht von mir. Meine Aufgabe ist es, zu opfern und zu beten.» Sie betete, um ganz Gott anzugehören; sie kommunizierte, um ganz mit Christus eins zu sein. Ihre Danksagung nach der heiligen Kommunion bringt diesen Wunsch der Gleichförmigkeit mit Gott zum Ausdruck:

«Mein Herr und mein Gott, möge ich, die täglich mit Deinem heiligen Leib gespeist, von Deinem erlösenden Blut überflutet, von Deiner heiligen Seele reich beschenkt, in Deine Gottheit eingetaucht wird, nichts lieben noch suchen noch wünschen als Dich, an nichts Gefallen finden als nur an Dir. Möge ich Dir ganz angehören und ganz erfüllt sein nur von Dir, damit ich ewig bei Dir, in Dir bleibe, mit Dir vereint, dass ich ganz vergehe in dem Feuerofen Deines göttlichen Herzens, kindlich vereint mit dem Unbefleckten Herzen meiner geliebten Mutter Maria, durch die ich Dich loben und preisen, Dir dienen und für immer gehorchen will.

Dieser Wunsch, mit Christus vereint zu sein, hat sie dazu geführt, mit ihm die Schmerzen der Passion auf sich zu nehmen. «Willst du sein wie Ich?» Das Golgotha von Martha Robin ist nichts anderes als das Golgotha Christi in Martha. Sie wollte «mit ihm am Kreuz sterben, um in Ewigkeit mit ihm in seiner Herrlichkeit zu leben», wie sie im Gebet vom 6. September 1933 betete. Sie sagte auch: «Jesus erkennt seine wahren Freunde am Kreuz»; «Das Kreuz ist die Himmelsleiter, die uns Sprosse um Sprosse zu Christus emporführt»;

«Mir erscheint mein Bett nie wie ein Bett; es ist ein Altar, es ist das Kreuz.»

Das Kreuz ist das Kennzeichen für den Christen. Es ist von so grosser Bedeutung in der Heilsgeschichte, dass Jesus, als er es ankündigte, es «seine Stunde» nannte, die Stunde, auf die hin er lebte. Dies war auch Martha Robins Stunde. Sie ist ein halbes Jahrhundert lang jede Woche wiedergekehrt.

Dies ist zweifellos der beeindruckendste Zug des mystischen Lebens Marthas, ihr dem Herrn gegebenes Jawort, um «in ihrem Fleisch zu vollenden, was am Leiden Christi für seinen Leib, die Kirche, noch aussteht» (Kol 1,24). Es hatte eine Zeit gebraucht, bis sie dieses «Ja» sagen konnte, das sie dann jedoch fest und unwiderruflich aussprach. «Wenn ich jemals Deinem göttlichen Willen untreu werden sollte..., o Herr, ich bitte und beschwöre Dich, schenke mir dann die Gnade, sofort zu sterben.» Von den Stigmen, bei denen sich so viele Menschen aufhalten, kann man absehen. Es sind nur dem Körper aufgedrückte Zeichen einer ausserordentlichen Liebe, eines unermesslichen Wunsches, mit Christus für das Heil der Menschen zu wirken. Diese ihre zweifache Liebe, zu Gott und den Menschen, macht ihre Heiligkeit aus.

Aufgenommen in die Dreieinigkeit

Bei Martha zeigt sich die Heiligkeit nicht in einer Anzahl von Heldentaten, wenn es auch ständiges Heldentum erforderte, sich niemals gegen ihre Prüfungen aufzulehnen und für ihre Besucher ganz da zu sein. Heilig sein bedeutet für Martha, der Liebe des Vaters, des Sohnes und des Heiligen Geistes zu entsprechen, mit denen sie verbunden ist. Es heisst, sich ganz ihrem Willen zu überlassen.

Der Weiheakt von 1925 — «Nimm an meinen Leib und alle seine Sinne, meinen Geist und alle seine Fähigkeiten, mein Herz und alle seine Neigungen; nimm an und heilige alle meine Worte, all mein Tun und meine Wünsche» — erinnert an das Gebet des heiligen Ignatius von Loyola: «Nimm hin, o Herr, meine ganze Freiheit; nimm hin mein Gedächtnis, meinen Verstand und meinen ganzen Willen. Was ich habe und besitze, hast Du mir geschenkt; Dir gebe ich nun alles zurück und überlasse es ganz Deinem Willen. Verfüge Du darüber. Nur Deine Liebe und Deine Gnade gib mir; dann bin ich reich genug und verlange nichts weiter.»

Der Unterschied, den man zwischen Martha und einem Theologen machen könnte, der nichts als Theologe wäre, ist der, dass dieser, ausgehend vom Worte Gottes, einen Vortrag über Gott halten könnte, ohne davon innerlich berührt zu sein; während jene das Wort Gottes empfing, wie ein Acker das Samenkorn aufnimmt und es mit Ertrag zurückgibt. «Nachdem ich sie gesehen hatte», notierte sich Jean Guitton, «nahm das Neue Testament Leuchtkraft an» — während eine Begegnung mit einem Theologen, der nicht nach dem Glauben lebt, uns nichts als reine Begriffe böte.

Mit beiden Beinen auf der Erde

Es erscheint uns an Martha bewundernswert, dass sie sich nicht in Gott absperrt, dass sie nicht von Angesicht zu Angesicht allein mit ihm sein will und so den Kontakt mit anderen Menschen abreissen lassen wollte. Sie sucht Gott nicht über den Wolken; sie findet ihn im Dienst am Nächsten.

Im Gründungsjahr des Foyer de Charité zum Beispiel, am 12. Februar 1936, also zwei Tage nach ihrem ersten Gespräch mit Père Finet, träumt sie nicht von märchenhaften Plänen. Sie schreibt an ihre Nichte, Madame Danthony, von einem Kaffeegeschirr, das sie für sie bestellt hat, und nachdem ihr der Empfang des Ess- und Kaffeeservices von der Nichte bestätigt wird, diktiert sie ihrer Helferin einen Brief und kündigt unter anderem «ein ganz reizendes Schmuckkästchen an, dessen glückliche Gewinnerin du bist». Sie schliesst den Brief: «In der unendlichen Liebe bleibe ich in Demut aufs engste mit euch verbunden, liebe Nichte und lieber Neffe. Ich bete für euch und für alle eure Anliegen, vor allem, dass ihr fromm und im Glauben an den Herrn bleibt bei euren zahlreichen Pflichten. Vergesst mich nicht in euren Gebeten!»

Das ist dieselbe realistische Martha, die im August 1947 den Journalisten Marcel Clément, der ganz schüchtern um ein Interview bat, schalkhaft empfing: «Woher kommen denn Sie?»

«Ich hatte mir ein paar ganz schöne Phrasen für den Beginn des Gespräches zurechtgelegt», erinnert sich Marcel Clément; «die fielen jetzt in Schnipseln auf den Boden.»

Und Martha eröffnete das Gespräch mit ihm. Sie sprach über die Krankheit ihrer Ziegen und den Besuch des Tierarztes. Marcel Clément war «verdutzt». Noch Jahre später erinnerte er Martha an dieses unerwartete Gespräch, wobei sie zu lachen begann und erklärte: «Wissen Sie, Sie waren so eine richtige Heiligenfigur auf dem Podest! Man musste sie erst ein bisschen herunterholen...»[33]

«Da vereinfachen Sie ein bisschen...» Mit dieser scherzhaften Bemerkung verrät uns Martha vielleicht das Geheimnis ihrer Seele. Sie war ganz schlicht und einfach, viel zu «einfältig», um mehr als 50 Jahre lang ein Schauspiel aufzuführen. Am Ende siegt die Wahrheit doch immer. Es ist undenkbar, dass Martha zugleich ihre Eltern und ihre ganze Familie hätte täuschen können, ebenso ihre Nachbarn, ihre nähere Umgebung, zahlreiche Ärzte, die Mitglieder des Foyer und einen solchen Realisten wie Père Finet, dazu Theologen, Philosophen und Tausende von Besuchern — und dass sie zugleich soviel Geduld hätte aufbringen können, derart über ihre Leiden hinauszuwachsen. Es scheint psychologisch undenkbar, dass ein Simulantin um sich herum soviel Hoffnung auf Gott, Ansporn zum Gebet, Freude und Liebe und Herzensfrieden verbreitet hätte. Es sind zu viele Früchte des Geistes, wie Paulus sie aufzählt, als dass man auf eine mögliche Täuschung schliessen könnte.

Man kann nicht fünfzig Jahre lang heucheln — das wäre masslose Menschenverachtung — und zugleich allen um sich herum und Tausenden anderen Gutes tun. Das ist einfach unvereinbar.

Bestätigung durch die Graphologie

Die Graphologie bestätigt alle diese Überlegungen. Wäre Martha eine Simulantin gewesen, hätte sich ihre dauernde Lüge in ihrer Handschrift widergespiegelt. Nun zeigen aber Schriftstücke von Martha, die aus den Jahren 1923 und 1925 stammen, der Anfangszeit ihrer Krankheit, dass «die Schreiberin anderen gegenüber offen, liebenswürdig, freundlich und grosszügig» ist, dass bei ihr «der Ernst vor der Phantasie den Vorrang hat». Und 1925: «Es geht aus der Unterschrift hervor, dass sich eine innere Entwicklung anbahnt, der sorgsame Beachtung geschenkt werden muss, um sie zu fördern und ihr zu erlauben, ihr Ziel zu erreichen». Die Graphologin (vgl.[6)]), die diese Handschrift untersuchte, ohne Martha Robins Leben zu kennen, schloss: «Man kann nur bedauern, dass keine späteren Schriftstücke vorliegen, um diese Entwicklung zu verfolgen.»

Magnificat

Wenn also jeder Gedanke an Vortäuschung absolut auszuschliessen ist, muss man dann nicht glauben, dass diese Frau in aussergewöhnlicher Weise von Gott ergriffen war? Sie, die Zeugnis von intuitiver und tiefer Gotteserkenntnis ablegte; die sich ganz in Gottes Hand gegeben hat; die trotz ihrer Krankheit, durch die sie ans Krankenbett gefesselt wurde, ständig für andere da war – sie steht auch am Anfang eines Werkes, dessen Ausbreitung in allen fünf Erdteilen nicht ohne Staunen zu beobachten ist. «Die wahren Mystiker erweisen sich als grosse Menschen der Tat», schrieb Bergson, «zur Überraschung derer, für welche Mystik nichts anderes als Vision, Aussersich-sein, Ekstase ist.»

Ist es unter diesen Umständen übertrieben zu behaupten, dass Martha Robin zu jenem Geschlecht der Kleinen und Geringen gehört, die, wie Franziskus von Assisi und Katharina von Siena, vom Herrn gesandt sind, um den Hochmut der Klugen und Weisen zu beschämen? Da hebt in uns mit Macht ein marianischer Gesang an: «Hochpreiset meine Seele den Herrn. Grosses hat an mir getan der Mächtige, heilig ist sein Name.»

174

Nachwort

Gestützt auf zahlreiche Zeugenaussagen, die ich in Châteauneuf-de-Galaure und der Umgebung gesammelt habe, war ich bemüht, das Leben von Martha Robin nachzuzeichnen. Es war erforderlich, die verschiedenen Abschnitte eines aus dem Üblichen herausragenden Lebens miteinander zu verbinden.

Doch selbst der Leser, der sehr aufmerksam jede Seite dieses Büchleins gelesen hat, kennt Martha Robin noch nicht. Um sie besser kennen zu lernen und viel Schönes und Erstaunliches über sie zu erfahren, müsste er alles lesen, was nach ihrem Diktat entstanden ist. Man müsste die vielen Texte veröffentlichen, die erst jetzt allmählich aufgefunden werden, in denen Martha uns mitnimmt und uns die Augen öffnet für die unsichtbare Wirklichkeit.

Wenn jene Texte veröffentlicht werden, können Sie diese bescheidene Biographie beiseite legen: sie wird Ihnen dann so blass erscheinen wie das Licht einer elektrischen Lampe neben dem Sonnenlicht.

Valence, den 21. November 1981
Am Feste Mariae Opferung

Anmerkungen

[1] Aussage von Madame Devise aus Châteauneuf-de-Galaure, verstorben im Jahre 1982 nach dem Erscheinen der ersten Auflage dieses Buches in französischer Sprache.

[2] Aussage von Mademoiselle Jeanne Bonneton, der späteren Schwester Marie-Thérèse im Kloster der Klarissinnen in Vals-les Bains (Ardèche).

[3] Es scheint, dass es sich bei diesem Buch um die «Nachfolge Christi» von Thomas von Kempen handelt. Im zweiten Buch, Kapitel 10, Vers 1, findet sich ein Satz, der dem von zwei Freundinnen Marthas mündlich überlieferten Satz sehr ähnlich ist: «Warum strebst du nach Ruhe, wo du zur ‹Mühsal geboren› bist? Verlege dich mehr auf die Übung der Geduld als auf Tröstungen, mehr auf das Kreuztragen als auf Freude und Fröhlichkeit.»

[4] Semaine Religieuse de Valence vom 7. Juli 1948, S. 316.

[5] Mademoiselle Lautru, eine Freundin, von der im VI. Kapitel die Rede sein wird.

[6] Auszüge aus einem graphologischen Gutachten der Psychologin und Graphologin Madame Jacqueline Genêt in Valence.

[7] Johannes vom Kreuz. Avis et Maximes (Desclée, p. 1—264).

[8] Madame Chabrit aus St. Uze (Drôme).

[9] Madame Montagne aus dem Weiler Charrières in Châteauneuf-de-Galaure.

[10] Madame Victorine Reynaud, St. Uze (Drôme).

[11] Madame Rodet, Anneyron (Drôme).

[12] Mademoiselle Faure, seinerzeit im Ruhestand in St. Nazaire-le-Désert (Drôme).

[13] Vgl. die Zeitung «Famille Chrétienne» vom 9. April 1981.

[14] 2. Ijob, 3, 4, 6.

[15] Pater Marie-Bernard hatte Martha im Jahre 1928 in den Dritten Orden der Kapuziner aufgenommen.

[16] Msgr. Pic, gebürtig aus Valence, wurde im Jahre 1932 nach einem kurzen Aufenthalt in Gap (Hautes-Alpes) zum Bischof von Valence ernannt.

[17] Semaine Religieuse de Valence vom 25. Februar 1961, S. 107.

[18] Aussage von Madame Cotte, Châteauneuf-de-Galaure.

[19] Aussage von Mademoiselle Guigard, St. Rambert d'Albon (Drôme).

[20] Aussage von Madame und Monsieur Putoud, Châteauneuf-de-Galaure.

[21] In diesem Bericht bringen wir viele Zitate aus der Zeitschrift «L'Alouette», zweimonatlich erscheinende Zeitung der Foyers

de Charité, B.P. 17, F 26 330 Châteauneuf-de-Galaure; gegründet 1964.

[22] Diese Person aus dem Département Ardèche möchte anonym bleiben.
[23] Aussage von Schwester Thérèse-Marie, Abtei Maubec, Montélimar (Drôme).
[24] France-Catholique-Ecclésia vom 27. März 1981.
[25] Madame Thérèse Villard, Lyon.
[26] Aussage von Madame Hélène Sorensen, Dijon.
[27] Diese Person aus dem Département Drôme möchte anonym bleiben.
[28] Bericht in der katholischen Wochenzeitung «Semaine Provence», Marseille, vom 20. Februar 1981.
[29] Madame Collon, St. Vallier (Drôme).
[30] Madame Anthoine, Hauterives (Drôme).
[31] Genauer gesagt, wurde Martha im Alter von 27 Jahren völlig gelähmt.
[32] Jean Guitton von der Académie Française, in der Zeitung «Le Figaro» vom 2. März 1981.
[33] «L'Homme nouveau», Martha Robin gewidmete Sondernummer vom 1. März 1981.

Die Entstehung der Foyers de Charité

1	10. Februar 1936	Châteauneuf-de-Galaure
2	Mai 1941	La Léchèrche-les-Bains (73260 Aigueblanche)
3	1943	La Gavotte (13170)
4	23. Juli 1950	Roquefort-les-Pins (06330)
5	1. November 1950	La Roche d'Or (25042 Besançon)
6	18. Mai 1952	Notre-Dame-des-Ondes (69000 Lyon)
7	1955	Kolumbien (Südamerika)
	1957	Poissy (78300)
8	Juli 1957	La Flatière (74310 Les Houches)
9	3. Oktober 1957	Spa (Belgien)
10	28. Dezember 1959	Baye (51270 Montmort)
11	6. Mai 1960	Rochefort-du-Gard (30650)
12	21. September 1961	Aledjo (Togo) Afrika
13	22. Februar 1962	Bonheiden (Belgien)
14	Januar 1963	Souillac (Mauritius)
15	4. Februar 1963	Cuernavaca (Mexiko)
16	April 1965	Ottrott (67530)
17	1. Mai 1965	Saint-Denis (11310 Saissac)
18	28. Juni 1965	Martinique
19	Oktober 1965	Tressaint (22104 Dinant)
20	12. Mai 1968	Mendès (Brasilien)

21	15. Dezember 1968	Dakar (Senegal)
22	25. Dezember 1968	Saïgon (Vietnam) — Asien
23	25. Dezember 1968	Remeia (Ruanda)
24	12. Juni 1969	Bex (Schweiz)
25	Oktober 1969	Paipo (Kolumbien)
26	1969	Kampala (Uganda)
27	1. Januar 1970	Dilinh (Vietnam)
28	11. Oktober 1970	Bangui
29	6. September 1970	Branguier
30	8. Dezember 1970	Courset (62240 Desvres)
31	10. Februar 1971	Sutton-Kanada (Nordamerika)
32	18. August 1971	Kotobi (Elfenbeinküste)
33	1. Oktober 1972	Gunzenbach (Deutschland)
34	25. Dezember 1972	Tomé (Chile)
35	31. Januar 1973	Port-au-Prince (Haiti)
36	1. April 1973	Tampon (Insel Réunion 97430)
37	April 1973	La Ferté-Imbault (41300)
38	3. Oktober 1973	Gatagara (Ruanda)
39	2. Juli 1974	Yaounda (Kamerun)
40	16. Juli 1974	Mugera (Burundi)
41	21. April 1975	Libreville (Gabun)
42	19. Mai 1975	Luxemburg
43	15. September 1975	Ngaoundéré (Kamerun)
44	19. September 1975	Agen
45	31. Mai 1976	Moresnet (Belgien)
46	18. Juni 1976	Korhogo (Elfenbeinküste)
47	15. September 1976	Keldonk-Erp (Niederlande)
48	1. Oktober 1976	Zipaquila (Kolumbien)
49	20. Oktober 1976	Santa-Marta (Kolumbien)
50	Juli 1977	Boston (USA)
51	Sommer 1977	Bucaramanga (Kolumbien)
52	15. August 1977	Bangalore (Indien)
53	Herbst 1977	Lesotho (Südafrika)
54	Frühling 1978	Medrano (Argentinien)
55	1978	Japan
56	1979	Italien
57	1980	Ziguinchor (Senegal)
58	1981	Daloa (Elfenbeinküste)
59	1981	Burua (Zaïre)

MARIE DE L'INCARNATION

Zeugnis bin ich Dir

288 Seiten, 8 Fotos, Paperback, DM 19,—/Fr. 17.—

Papst Johannes Paul II. hat 1980 die Französin Marie de l'Incarnation (1599—1672) selig gesprochen. Henri Brémond nannte Marie de l'Incarnation «die bedeutendste Mystikerin Frankreichs», Bossuet stellte sie neben eine Theresia von Avila und Angela von Foligno, während die Kanadier sie «die Mutter der kanadischen Kirche» nennen.

P. EBERHARD MOSSMAIER

P. Anizet Koplin

79 Seiten, farbiger Umschlag, 12 Fotos, DM/Fr. 6.80

P. Anizet Koplin, der Vater der Armen von Warschau, ein stadtbekanntes Original, wurde im KZ Auschwitz mit ungelöschtem Kalk überschüttet und bei lebendigem Leib verbrannt. Ein Märtyrerschicksal unserer Zeit, ein hinreissendes Beispiel der Liebe zu Christus und seiner Kirche.

DR. LISL GUTWENGER

Maximilian Kolbe
Der Heilige der Immaculata

64 Seiten, farbiger Umschlag, DM 4,50/Fr. 3.80

Maximilian Kolbe — 1982 heiliggesprochen — erlitt im KZ Auschwitz für einen Mithäftling den Opfertod im Hungerbunker. Dieser Tod krönte ein Leben, das ein einziger Lobgesang zu Ehren der Unbefleckten gewesen war.

DR. LISL GUTWENGER

Pater Leopold Mandić

112 Seiten, 12 Fotos, DM 9,80/Fr. 8.—

Pater Leopold Mandić, von Papst Johannes Paul II. am 16. Oktober 1983 heiliggesprochen, der grosse Beichtvater von Padua, liebte seine Beichtkinder wie ein guter Vater seine Söhne und Töchter. In Scharen strömten ihm die Menschen zu.

CHRISTIANA-VERLAG, CH-8260 STEIN AM RHEIN

P. DR. WALTRAM ROGGISCH OFM

Duns Scotus
Der Theologe der Immaculata
Mit einem Vorwort von Bischof Dr. Rudolf Graber

80 Seiten, 8 Fotos, DM/Fr. 4.80

Am 15. November 1980 hat Papst Johannes Paul II. in Köln das Grab des führenden Franziskaner-Theologen Duns Scotus besucht. Duns Scotus (1265–1308) aus Schottland, «wohl der scharfsinnigste Denker des ganzen Mittelalters», hat als erster die Lehre der Immaculata, d.h. der Unbefleckten Empfängnis Mariens, theologisch begründet. Diese Schrift ermöglicht ein tiefes Eindringen in das grösste Geheimnis der Mariologie, und sie schenkt Erkenntnisse, die jeden gläubigen Christen tief beglücken.

PROF. DR. FERDINAND HOLBÖCK

Gottes Nordlicht
Die hl. Birgitta von Schweden und ihre Offenbarungen
348 Seiten, 24 Fotos, davon 8 farbig, 15x21 cm, DM 28,–/Fr. 25.–

Durch die Offenbarungen, die Birgitta von Schweden als charismatisch begnadete Frau empfing und im Auftrag Christi niederschrieb, wurde sie zur grossen, prophetischen Mahnerin in einem durch Krieg und Niedergang zerrissenen Abendland. Ihre Sprache ist hinreissend, ihre Bilder und Vergleiche sind von visionärer Kraft, der Inhalt ihrer Offenbarungen von bestürzender Aktualität.

PAUL GOUIN

Mélanie
Die Hirtin von La Salette. Vorwort von Bischof Graber
Format A5, 224 Seiten, farbiger Umschlag, 16 Fotos, DM 19,80/Fr. 18.–

Das Buch bestätigt die Aussage Papst Pius X., der, nachdem er das Leben Mélanies gelesen hatte, im August 1910 zum Bischof von Altamura sagte: «E la nostra Santa – Sie ist unsere Heilige!»

GIORGIO PAPASOGLI

Giuseppe Moscati
Das Leben eines heiligen Arztes. 116 Seiten, 17 Fotos,
DM 14,–/Fr. 12.80

Papst Paul VI. hat ihn 1975 seliggesprochen und den Christen der Gegenwart zum Vorbild gegeben, zu einem Künder der kommenden Revolution der Nächstenliebe. Ein modernes Heiligenleben, das auch junge Menschen begeistert.

CHRISTIANA-VERLAG, CH-8260 STEIN AM RHEIN